中国期货业协会期货投资者教育专项基金资助

"讲故事　学期货"金融国民教育丛书

如何进行期货交易

"讲故事　学期货"金融国民教育丛书编写组◎编

中国财经出版传媒集团
中国财经经济出版社

图书在版编目（CIP）数据

如何进行期货交易／“讲故事　学期货”金融国民教育丛书编写组编．--北京：中国财政经济出版社，2020.12（2022.4重印）
（“讲故事　学期货”金融国民教育丛书）
中国期货业协会期货投资者教育专项基金资助
ISBN 978－7－5095－7092－0

Ⅰ.①如…　Ⅱ.①讲…　Ⅲ.①期货交易－通俗读物　Ⅳ.①F830.93－49

中国版本图书馆 CIP 数据核字（2016）第 280059 号

责任编辑：贾延平　　　　责任校对：李　丽
封面设计：田　晗　　　　版式设计：董生萍

如何进行期货交易
RUHE JINXING QIHUO JIAOYI

中国财政经济出版社 出版
URL：http：//www.cfeph.cn
E－mail：cfeph@cfeph.cn

社址：北京市海淀区阜成路甲 28 号　邮政编码：100142
营销中心电话：010－88191522
天猫网店：中国财政经济出版社旗舰店
网址：https：//zgczjjcbs.tmall.com
北京时捷印刷有限公司印刷　各地新华书店经销
成品尺寸：186mm×210mm　24 开　6.25 印张　124 000 字
2020 年 12 月第 1 版　2022 年 4 月北京第 2 次印刷
定价：28.00 元
ISBN 978－7－5095－7092－0
（图书出现印装问题，本社负责调换，电话：010－88190548）
本社质量投诉电话：010－88190744
打击盗版举报热线：010－88191661　QQ：2242791300

前　言

近年来，我国期货市场运行质量不断提高，价格发现和风险管理的基础功能得到发挥，在优化资源配置、促进产业升级、提升经济运行效率、维护国家经济金融安全等方面发挥着越来越重要的作用。在新品种不断推出、新业务持续发展、国际化进程稳步推进的大背景下，不仅机构客户、产业链企业、高净值人群由于规避价格波动风险的迫切需要，将期货这一对冲工具放入资产配置的篮子之中，以期平衡资产收支、实现财富管理目标，一些中小投资者也被价格波动带来的投资机会吸引，成为市场的参与者和流动性的贡献者。

我国投资者群体普遍缺乏系统的金融知识教育，风险识别能力和风险承受能力不高，容易产生投资过程中的非理性行为，不仅造成自身的财务风险，也给市场稳定和金融安全造成隐患。从世界范围来看，随着各国金融消费规模的不断增加和金融创新的快速发展，金融商品或服务日益复杂化，金融知识教育作为对消费者的一种预防性保护，得到了越来越多国家的重视和强化。期货及期权合约的杠杆性、复杂性和投机性，决定了其“高风险、高收益”的特点，将期货知识纳入金融国民教育体系，是一项具有行业前瞻性的工作。

根据国务院办公厅《关于进一步加强资本市场中小投资者合法权益保护工作意见》（国办发〔2013〕110 号）的有关要求，在中国证监会、教育部联合印发的《关于加强证券期货知识普及教育的合作备忘录》的指导下，期货行业在落实“加大普及证券期货知识力度”“将投资者教育逐步纳入国民教育体系”方面开展了多种探索和实践。由中国期货业协会期货投资者教育专项基金资助编写的《“讲故事　学期货”金融国民教育丛书》就是将复杂的金融知识以尽可能通俗易懂的方式向公众传播的有益尝试。丛书作为系统介绍我国期货市场的基础性教育普及读物，以广大普通投资者为服务对象，满足对期货市场缺乏了解的个人或企业的需求。丛书在编写上突出“讲故事　学期货”的特色，在编写形式上多引用案例故事，形式活泼；在语言上通俗易懂，可读性强；在内容上以“风险教育”为主线，深入浅出，不仅对期货市场的起源发展、交易方法、交易品种等基本知识进行了讲解，而且对期货市场的组织架构、法律法规、风险监管等环节也进行了全方位解读；还考虑到期货行业未来的发展趋势，对期权、场外衍生品等投资者感兴趣的话题作了前瞻性介绍。

衷心希望本套丛书的出版能够为期货投资者了解期货市场、树立风险意识、理性参与期货交易提供有益的帮助。

“讲故事　学期货”金融国民教育丛书编写组

2020 年 12 月

目 录

兼听则明——期货交易中的好故事和坏故事 1

1. 美轮美奂的雕花大楼 1
2. 震惊中外的“327 国债期货”事件 4
3. 天才投机家利弗摩尔的传奇生涯 6
4. 棉花期货——利弗摩尔的滑铁卢 9
5. 从期货实盘交易大赛看输赢 10

扪心自问——你适合做期货吗 16

1. 你认识期货交易的高风险吗 16
2. 你真的清楚期货交易的风险吗 17
3. 风险警示——输不起的钱不宜入市 19
4. 什么是输不起的钱 20
5. 配资交易——期货交易的“死地” 22
6. 你有交易时间吗 24
7. 委托他人交易要注意哪些风险 26
8. 冠军也需谨慎交易 30

9. 重仓之伤的启示 33
10. 如何看待期货大奖赛 35

莫将核桃认作梅——期货中的真假雷音寺 37

1. 200 多万元只剩 4 万元！真是做期货亏掉的吗 38
2. 李鬼群殴李逵——搜索引擎中的猫腻 40
3. 期货市场中“小雷音寺”的特征 43
4. 怎样开设一个合法的期货账户 47
5. 网上开户流程 50
6. 期货适当性管理与产品风险分级 54

吉凶悔吝——期货交易面面观 59

1. 革命人永远年轻，期货人不会“无聊” 59
2. “二八法则”，期货交易的残酷性 62
3. 知易行难，心魔难破 63
4. 良药苦口，对期货新手的几点忠告 66
5. “怨天尤人”与“反求诸己”，天壤之别的反思 69
6. 长线、中线、短线、超短线，孰优孰劣 71
7. 建仓技术有门道，顺势而为是灵魂 74
8. 为伊消得人憔悴，折磨人的止损和止盈 78
9. 止损不预设，等于废前程；到时再止损，等着被退市 80
10. 成功者的重要素质——长期专注能力 84
11. 按计划行事，盈亏自如 85
12. 期市生存之要——有效的资金管理 88
13. 程序化/量化交易 89
14. 期货败招一，满仓操作的赌徒心理 93
15. 期货败招二，没有耐心与不甘认赔，总是赚小亏大 96

16. 期货败招三，见异思迁的交易态度　98

破碎的水晶球——期货交易中的预测分析　101

1. 基本面及基本面因素　101
2. 经济周期及经济政策对价格的影响　104
3. 国际市场、汇率与利率对价格的影响　105
4. 自然因素、政治因素对价格的影响　107
5. 期货价格更敏感，严重投机的影响　110
6. 基本面分析的难度与价值　111
7. 基本面分析中的一些错误认知　112
8. 充分利用公开性的专业报告　114
9. 期货交易中的技术分析　115
10. 期货行情图示法　116
11. 成交量和持仓量指标　119
12. 持仓量与价格关系的常规判断　120
13. 趋势！趋势！技术分析的命门　121
14. 看图说话的形态分析　124
15. 五花八门的技术分析指标　128
16. 波浪理论和江恩理论，看上去很生猛　132
17. 技术分析法的利弊得失　135

后记　137

期货交易的参与者基本上可分为两大类，一类是希望回避价格风险的现货商，他们参与期货交易的形式是套期保值，另一类则是主动迎接风险的投机者，希望在价格波动中通过低买高卖而获利。在投机交易中，还包括一种风险较小的套利交易类型，关于期货套期保值交易和套利交易，我们将在本丛书的《期货的套保和套利》中专门介绍，本书介绍的主要内容是期货交易中的投机交易。

兼听则明——期货交易中的好故事和坏故事

期货交易中发大财的故事真不少！不少人就是听了这种故事后进入期货市场的。的确，在期货市场中，有人发大财了。然而，你知道有很多人因为期货交易而倾家荡产的故事吗？对期货交易感兴趣的你，好故事要听，坏故事也必须听！只有这样才能全面完整地理解期货市场。只听好故事，不听坏故事，以为期货市场就是超级提款机，不了解期货市场的风险有多大就盲目入市，犹如盲人骑瞎马，夜半临深池，危矣哉！

1. 美轮美奂的雕花大楼

苏州东山镇，有一座闻名遐迩的雕花楼（又称春在楼，这个名字来自清代诗人俞越的诗句“花落春仍在”），其雕刻精美，结构奇巧，被称为“江南第一楼”，是“香山帮传统建筑营造技艺”的经典传世佳作，2006 年 5 月，雕花楼又被国务院公布为全国重点文物保护单位（见图 1）。

图 1　全国重点文物保护单位“春在楼”

您知道这座大楼的来历吗？说起来还与期货交易有关。

金锡之（1881—1960），名基应，江苏省苏州市东山施巷村人。幼年时在家乡读私塾。成年后，金锡之经同乡席徵三介绍，去上海浦东做典当生意，被强盗抢劫后，改做棉纱生意，在董家渡开了一家“老公茂”纱行，经营棉花、棉纱、棉布和美孚石油，后被推举为上海纱业公会会长。第一次世界大战前夕，他向英国怡和纱厂订了一批货，因大战爆发，货未发出，直到大战结束，对方才将货送到。大战后棉纱价格暴涨，而这批货对方仍按原价供给，金锡之因此发了一笔大财。

1918 年 3 月，金锡之与在华日商合资买下上海江西路上的一幢三层洋楼，开办“上海取引所”。所谓“取引所”，实际上就是交易所。交易所以日本公债和水月牌棉纱及通州棉花为交易标的，同时兼营日本和中国企业的一些股票。

取引所开办后业务极为兴旺，交易额迅速扩大。两年多的时间，上海的花纱交易几乎都集中在取引所。身为取引所理事长的金锡之，自然是收益不菲。

1920 年，中国人自办的上海证券物品交易所和上海华商证券交易所相继成立，“上海取引所”业务大受影响，逐渐萎缩。日商抽回资本，洋楼归金锡之独有，遂改名为汉茂顿大楼，既用作办公，又作为住宅。金锡之是个孝子，发迹后就将母亲接到上海居住。然而，金母总想叶落归根，要他回乡兴建土木，于是金锡之就将汉茂顿大楼转卖得到 17 万大洋，全部用在家乡为母建房上。

1921 年，金锡之先是在家乡买下了老宅东面的一排平房，并与住在北侧的邻居协商好，购得他家的一些房屋和果园，以扩大新楼地基，然后由香山帮著名匠人陈桂芳设计。设计方案确定后，金锡之由于商务繁忙，无暇在家乡久留，便全权委托在老家的兄弟金植之操办此事。

1922 年，正值第一次世界大战之后，百业萧条，建筑业尤甚。金植之请来的工匠为多挣些工钱，串通金植之，背着金锡之大大提高了建筑用工的规格，使得整幢大楼“无处不雕，无处不刻”（见图 2）。当金锡之得知仅大门上的砖雕就造价高达 3 500 块银圆时，十分恼火。但从上海回来看到实物时，不再吱声。整个工程历时 3 年，至 1925 年竣工，17 万银圆一分不剩，全部花光了。

图 2　金锡之建造的雕花楼

1948 年金锡之破产后为了生计不得不变卖了“春在楼”。后来，这座雕花楼成了震泽县委、县政府的招待所，宋庆龄曾在此疗养数日，之后又成为吴县高干招待所和吴县人民政府东山招待所。1994 年改为雕花楼宾馆。

如今的雕花楼（见图 3）是全国重点文物保护单位，依然春常在。

图 3　如今的雕花楼

2. 震惊中外的“327 国债期货”事件

上海证券交易所于 1992 年 12 月 28 日试行推出了 12 个品种的国债期货合约，但直至 1993 年 10 月的整个试行期内，总成交金额只有 5 000 万元。1993 年 10 月 25 日，经财政部同意，上证所国债期货合约交易正式向社会推广。1993 年 12 月 15 日，北京商品交易所正式成立运行，也推出了国债期货交易。随后，各交易所纷纷紧跟，一哄而起，形成 14 家交易所均开设国债期货交易的混乱局面。

按常理讲，当时推出交易的几个国债品种的票面利率在发行时已经定好，大家都会按照银行基准利率对时间价值进行折算，算出不同交割时期对应的期货价格，如果银行基准利率不变，期价波动的上下幅度应是极有限的，只有当银行基准利率变动了，才会引起价格较大的反方向变动。

然而，本该风平浪静的国债期市却被通货膨胀之火点着了。1992 年下半年国民经济开始出现快速增长势头，1993 年经济严重过热，通胀率达到 13%。为了抑制通货膨胀并保护储户利益，中国人民银行于 1993 年 7 月 11 日继 5 月 1 日加息后再次提高利率，一年期存款利率提至 10.98%，三年期存款利率提至 12.24%，并宣布自当日起对三年期以上银行储蓄存款恢复实行保值贴补政策。财政部随即宣布对之前已流通的 1992 年 3 年券、5 年券，1993 年 3 年券、5 年券也从 1993 年 7 月 11 日起享受保值补贴，补贴值参照人民银行公布的保值贴补率。可以这么认为，自那时起，国债期货交易就已偏离了利率期货的基本原理而异化为通胀率期货了。

“327” 是上证所 1992 年 3 年券于 1995 年 6 月底为最后交易日的合约代号。由于该券到期兑付日为 1995 年 7 月 1 日，故 “327” 合约的合理期价应与财政部的兑付价对应。由于 1995 年 1 月保值补贴率已升至 9.84%，导致 “327” 合约期价不断提高。进入 2 月，“327” 合约期价一直维持在 148 元左右，与保值补贴率 9.84% 相当。由于保值贴补率是按 “通胀率 – 银行三年期储蓄年利率（12.24%）” 计算的，而 “327” 票面利率仅为 9.5%，财政部会不会对持券者贴息（即票面利率按 12.24% 计算）呢，这在当时还是悬念。在主力空方看来，非但贴息不可能，“327” 合约期价仍虚高，因为 “327” 补贴率取决于 4 月份的实际通胀率，而在国家的积极治理下，1995 年 1 月的通胀率应是顶点，即将逐步回落，故大举建仓。多空大战使持仓量剧增，2 月 22 日收盘，“327” 合约持仓量高达 363 万口，结算价为 148.24 元。2 月 23 日早上，一直与万国证券公司联手做空的辽国发大量抛空，企图压低价格，在抢先得知 “327” 合约贴息消息后，立即率先进行空翻多，结果 1 分钟后即上涨了 2 元，10 分钟后上涨了 3.77 元，一下子使信息 “落后” 的万国证券公司陷入绝境，因为按照财政部于事后发布的贴息公告及已公布的 3 月份保值贴补率又攀升至 11.87% 看，如果到期交割，则万国证券赔上所有家当也不够还债的。于是，输红了眼的万国证券在无奈中使出了铤而走险的绝招，利用上证所交易系统不设防的弊端，从临收盘的 16 时 22 分开始，在并无相应保证金的情况下，抛出 1 056 万口“327”合约空单，（这一数字相当于对应国库券发行量的 3 倍多），“推土机”似的空单将期价从 151.30 元层层下压，直至 147.50 元收盘，7 分钟时间内，“327”合约期价暴跌 3.8 元，使当日开仓的多头全线爆仓。当晚，上证所召开紧急会议决定：取消 16 点 22 分 13 秒以后“327”合约的成交；该合约收盘价调整为 151.30 元；从 2 月 27 日起休市组织协议平仓。5 月 18 日，国务院决定暂停国债期货交易。

众所周知，后来万国证券被申银证券接管，其所欠的几十亿元债务也由申银及万国的十几个大股东（都是国有企业）分摊偿还。而万国证券的总裁管金生于 5 月 19 日被捕，1997 年被判处有期徒刑 17 年。辽国发的高原、高岭两兄弟人间蒸发，至今仍然没有下落。上交所总经理尉文渊则黯然去职。

再来看看硬币的另一面，在这场惊心动魄的金融大战中，以中经开为统帅的多方，自然赢得盆满钵满，一夜之间产生了许多百万千万甚至亿万富翁。但是，他们中的一些人完成了原始积累后，没有金盆洗手，而是将胆大敢拼、走捷径、破规则、内幕消息这些“生意经”和“人生观”奉为真理，但是靠着胆大妄为和无法无天，最终肯定要身败名裂。

后来，不可一世的中经开，在证券市场中又多次违规，2002 年 6 月被中国人民银行依法吊销营业许可证，总经理姜继增被判刑。2015 年 4 月 25 日，百名红色通缉令中的原中经开上海营业部总经理戴学民被缉捕归案。

3. 天才投机家利弗摩尔的传奇生涯

杰西·利弗摩尔，1877 年 7 月 26 日出生于马萨诸塞州的一个贫农家庭，1940 年 11 月自杀身亡。他被称为 20 世纪 20 年代华尔街最伟大也是最疯狂的传奇人物。从投机成就看，作为一个穷学生，最终在 1929 年的股市大崩盘中赚到 1 亿美元（要知道，美国在 1929 年的 GDP 只有 1 036 亿美元，联邦政府及州政府的财政收入合计只有 108 亿美元），可谓前无古人后无来者。从其投机经历看，他 14 岁进入市场，三次破产后东山再起，且再起之后投机成果更加辉煌，第四次破产后最终自杀，一生的跌宕起伏堪称空前绝后。更为奇特的是，作为个人投资者，至死他都独立操作，一个人判断，一个人交易。从来不需要小道消息、内幕消息或者与人联手坐庄，因此被称为“华尔街孤狼。” 1940 年 3 月，他出版了著作“How to Trade in Stocks”（中文译名：《股票大作手操盘术》），80 年来，一直被投机者奉为投机圣经而被反复研读。全球基金经理彼得·林奇对他的评论为：“他是 20 世纪华尔街的神话，是每一个投机客都难以越过的股市丰碑，每一代投机商都或多或少地从他的生平中汲取自己需要的营养，他就是杰西·利弗摩尔。你可以假装没看见他，你可以不喜欢他，但你不能略过他。” 乔治·索罗斯的评论为：“不管是经济繁荣还是经济危机，都会有一小部分人暴富的舞台，利弗摩尔就是其中一个。” 证券之父本杰明·格雷厄姆则说：“度过了数次破产和崛起之后，杰西·利弗摩尔总结出一套持续获利的策略。重要的是，在自己的书中，他没有丝毫隐瞒，坦诚相见。”

1891 年，14 岁的利弗摩尔孤身一人启程前往波士顿，口袋里只装着母亲给的几块钱。他在 Paine Webber 公司波士顿股票经纪营业部找到一份将股票最新价格抄在黑板上的差事，周薪 6 美元。15 岁时和朋友一起凑了 5 美元做了第一笔交易，最后他分到 3. 12 美元的利润。之后利弗摩尔持续交易了几个月，赚到了他人生第一个 1 000 美元，20 岁时他已经赚到了 1 万美元。由于这些交易几乎都是在对赌公司进行的，赢的都是对赌公司的钱，以至于波士顿和纽约两地的对赌券商都对他下达禁足令，不准他进场买卖。1898 年，21 岁的他带着 2 500 美元通过合法的股票经纪商在纽约股票交易所开始交易。由于交易所内的交易指令与他习惯的交易方式不一样，再加上交易过频等原因，导致他的第一次破产。

破产后他向经纪行老板借了 500 美元，前往圣路易斯的对赌行进行交易，大获成功。随后带着 2 500 美元返回纽约，偿还了 500 美元债务。1901 年 5 月时通过投机交易，他的财富已达到 5 万美元，然而，经过狂乱的一天，收市时他再次破产了。

1906 年春，29 岁的他做空股票，恰遇旧金山大地震，因此获利 25 万美元。1907 年，他 30 岁时在市场暴跌期间做空，挣得了他的第一个 100 万美元。1908 年，31 岁的他被具有超凡说服力的商品专家珀西・托马斯说服从事棉花期货交易，结果他第三次破产了。

第三次破产后，纽约股票交易所一家交易公司的所有人丹尼尔・威廉森把利弗摩尔召回纽约。给了利弗摩尔 2.5 万美元，让他重新开始交易。经过三个星期的交易，利弗摩尔已经赢利 11.2 万美元，但因威廉森的直接干预而亏损。摆脱威廉森后的接下来几年，由于行情平淡无钱可赚，利弗摩尔的债务积累超过 100 万美元。部分债权人严重干扰了利弗摩尔的交易与正常生活，为了摆脱债权人的纠缠，利弗摩尔宣布破产。

1915 年 2 月，38 岁的他向丹尼尔・威廉森求助，威廉森允许利弗摩尔可以交易 500 股。为了将这笔很小的信用额度变成一笔本金，利弗摩尔在行动前进行了长达 6 周的行情跟踪，终于一击而中。经过几个月的成功交易，他的账户余额达到 14.5 万美元。1916 年，39 岁的他可谓进入顺风期，总共获利 300 万美元，再次东山再起。在没有偿付义务的情况下，他主动还清了 1914 年破产时的全部债务，且当年再获利 150 万美元。1925 年在小麦市场上，利弗摩尔获利 1 000 万美元。1929 年利弗摩尔在股市大崩溃行情中做空，获利 1 亿美元。1929 年，在事业最巅峰的时期，成立了千万美元的杰西・利弗摩尔家族信托基金，以保证日常生活不会因为事业的破产而受到影响，之后杰西・利弗摩尔家族基金设立了利弗摩尔证券。

1930 年开始，幸运之神似乎弃他而去。美国证券交易委员会对卖空交易的规则进行了许多修改，利弗摩尔以往屡试不爽的策略失效了。到 1931 年年底，他损失了一半财产，1933 年，剩下的另一半财产也损失了。1934 年 3 月

4日，他不得不申请破产。经过清理，他欠下的债务已达226万美元。

1940年3月，利弗摩尔出版了《How to Trade in Stocks》。但生前利弗摩尔并没有从这本书上得到什么收益。11月，利弗摩尔开枪自杀。

4. 棉花期货——利弗摩尔的滑铁卢

利弗摩尔在做股票的同时，也一直在做期货。只是他研究期货不像研究股票那样刻苦，但相比较而言，他更喜欢做商品期货。觉得期货交易像商品生意。不管是小麦、玉米还是棉花，只需要了解供求的现况和前景，用不着像做股票那样对许多情况进行猜测，也用不着防范内线集团，不会有增发或不发红利的突发事件。

1907年10月24日，他在股市上赚了100多万美元，买了一艘游艇，把手头的玉米期货和小麦期货处理了一下，便开着游艇南下。一天，他遇到了华尔街的许多朋友在谈论一个叫珀西·托马斯的棉花投机商，纽约传来的消息说他亏得一分钱都不剩了。利弗摩尔一直都很崇拜珀西·托马斯，因为他自己也有过破产后东山再起还清了所有债务的传奇经历。利弗摩尔找来一堆交易文件，仔细研读，想了解棉花市场的走势。

回到纽约后，他发现所有人都在看跌。他忽然灵光一闪：做空的人不会有多少时间回补，于是他决定买进7月棉花合约，第一次操作利弗摩尔就买进了10万包棉花合约，后来又买入2万包。就在他买进的两天后，价格开始上涨，而且涨势汹汹，一天上涨了四五十个点。后来他又买进了2万包，几乎把空头抛的棉花买光了。但是棉花价格不但继续上涨，还跳空高开。大量的空头都被套在了高位。可是，市场上却没有多少人回补买单，他的14万包棉花如何抛出成了问题。正当他一筹莫展的时候，《世界报》上的一则他在轧空棉花市场的假消息帮了他大忙。交易商们看到消息后，纷纷开始买进，他的14万包棉花很快就在高位抛完。这次交易后，很多报纸开始叫他“棉花大王”。

托马斯由于3月棉花期货合约交易的失败，再次山穷水尽。托马斯见到利弗摩尔后，建议他们合作。由他提供消息，利弗摩尔实际操作。但是利弗摩尔拒绝了他，利弗摩尔更喜欢在这个市场单打独斗。此后，他们经常见面，在一起谈天说地。利弗摩尔觉得托马斯见多识广，谈吐风趣，是他今生见过最有魅力的人。他崇拜托马斯很久了，对任何种植或者买卖棉花的人来说，托马斯的名字如雷贯耳。在欧洲和美国国内，很多人引用托马斯的观点，并且长期订阅托马斯的市场分析报告。

他们对棉花市场进行了详尽的讨论，利弗摩尔认为现在是空头市场，托马斯则认为是多头，还举出了大量事实和数据。开始利弗摩尔没有被说服，还是坚信自己对市场的判断，而且此时他已经在做空棉花。但托马斯不断地向他灌输自己的观点，还反复强调这些信息经过了他在南方的上万个情报员的再三证明，绝对可靠。最后，利弗摩尔有些动摇了，对自己从交易报告和日报上收集的信息开始怀疑。他开始试着用托马斯的观点去解读市场，后来，他居然逐渐确信托马斯的观点是正确的。

他平掉了空头，随即买入多头，由于他习惯了大手笔操作，他的持仓量很快达到了6万包。价格还在下跌，他不但没平仓，还持续买进，此时，他的脑子已经完全不听自己的指挥了，任由托马斯牵着他的鼻子走。

他在做棉花期货交易的同时，还做了大量小麦期货交易，小麦的操作很漂亮，给他带来了可观的利润，但却早早地抛出了。他把盈利的小麦期货抛掉，却坚守着亏损的棉花期货。不但不止损，还不停地加仓。最终，随着账面浮亏越来越大，利弗摩尔被迫将买进的44万包棉花期货割肉平仓，几乎亏掉了他在股票和期货交易中所有的盈利。

5. 从期货实盘交易大赛看输赢

《期货日报》社自2006年开始每年举办一届“全国期货实盘交易大赛”，至2019年已经举办13届了，同时举办的“全球衍生品实盘交易大赛”启动于2014年，至2019年已举办6届。

第十三届全国期货实盘交易大赛暨第六届全球衍生品实盘交易大赛，于2019年3月29日开赛，9月27日结束。境内外90家期货经纪机构、10家海内外交易所等百余家机构参与大赛，报名参赛人数达到60 301人。坚持到内外盘比赛结束的参赛者账户数45 698个。大赛根据参赛者参赛权益（参赛日的上日权益+当日入金）的大小及交易模式分为4个基础小组。参赛权益100万元以下的归入轻量组；100万元（含）至500万元（不含）的归入重量组；500万元（含）以上的归入基金组；有完整的量化策略，全自动、半自动计算机下单，参赛权益20万元（含）以上的归入量化组。

表1是内盘赛比赛的最终结果。

表1　　内盘赛比赛各组数据

组别	最终参赛账户（个）	最终参赛资金（亿元）	盈利账户数（个）	盈利账户占比（%）	累计净利润（亿元）	收益率（%）
轻量组	40 114	39.51	9 465	23.59	-13.97	-26
重量组	2 055	36.65	904	43.99	-2.37	-3.4
基金组	499	52.95	259	51.90	9.97	23
量化组	1 131	23.95	515	45.53	1.05	4.5
全部	43 799	153.06	11143	25.44	-5.32	-3.36

（1）总体情况

比赛期间，内盘参赛账户交易的品种有61个，可以说所有上市品种都有交易，共成交1.33亿手，成交金额18.53万亿元，手续费为11.68亿元。4.3万个坚持到最后的参赛账户中，有1.1万个账户实现了盈利，盈利账户数占比25.4%。净利润为-5.32亿元，意味着半年期间的收益率为-3.36%。注意手续费与净利润之间的关系，因为净利润是扣除手续费后的结果，所以，如果不计手续费，则净利润=11.68-5.32=6.36（亿元）。至少可以从总体上说明参赛者还是具有一定交易经验的，敢于进场参加交易的比赛者通常不会是菜鸟型交易者。内盘赛合计净利润及手续费走势见图4。

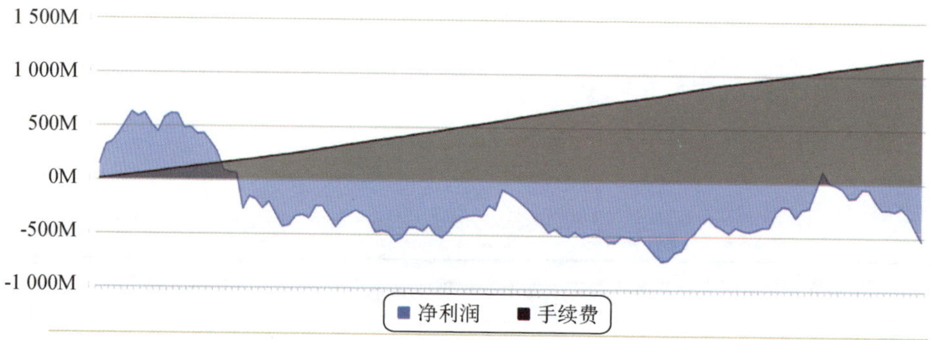

图4　内盘赛合计净利润及手续费走势（单位：元）

（2）轻量组

可以将轻量组看作是散户代表。比赛期间合计付出手续费5.43亿元，净利润为-13.97亿元，意味着半年期的收益率为-13.97%。其中，23.59%的账户是盈利的，意味着76.41%的账户是亏损的。从轻量组净利润走势图可以看出，净利润从开赛一开始就没有出现过正数，一直在亏损，并且随着时间的延长，亏损不断加大。即使不考虑手续费，仍旧亏损了13.97-5.43=8.54（亿元）（见图5）。

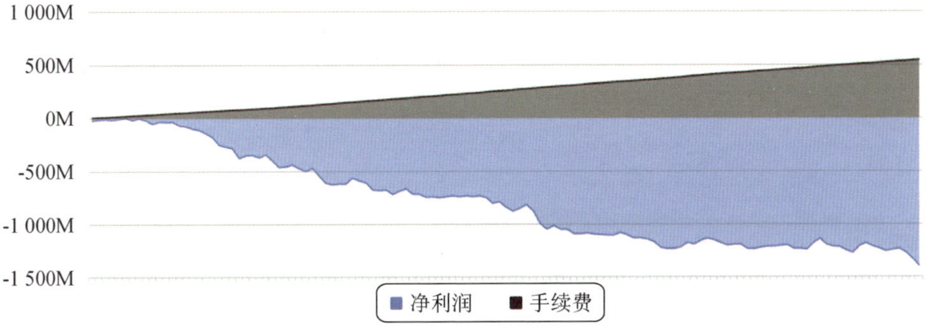

图 5　参赛期间轻量组净利润及手续费走势（单位：元）

（3）重量组

可以将重量组看作是大户组。比赛期间累计手续费为 2.58 亿元，净利润为 −2.37 亿元，意味着半年期的收益率为 −3.4%。其中，盈利账户数占比 43.9%。与散户组对比，43.9% 的账户盈利，已有很大提高。另外，若不考虑手续费，亏损额仅为 2.58 − 2.37 = 0.21（亿元）。

（4）基金组

可以将基金组看作是专业级别组。比赛期间手续费为 2.34 亿元，净利润为 9.97 亿元，意味着半年期的收益率为 23%。其中，51.9% 的账户是盈利的，其比例高于大户组，更远高于散户。若不考虑手续费，盈利将更高，达到 2.34 + 9.97 = 12.31（亿元）。若将基金组的净利润曲线与散户组对比，明显可见其特点是相反的，基金组的曲线是振荡走高的（见图 6），而散户组则是一路低走。

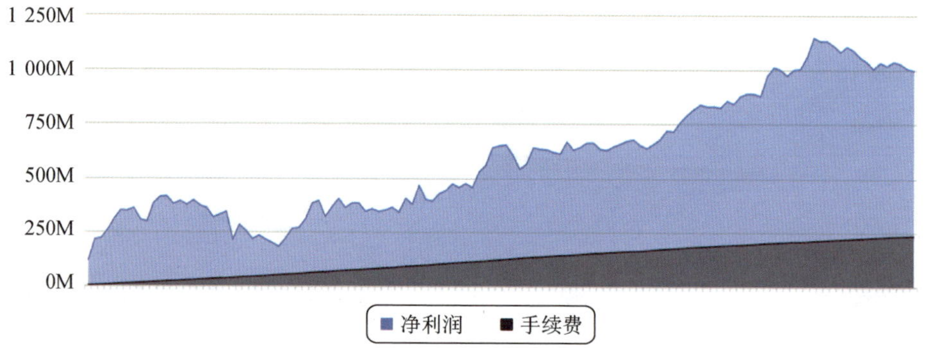

图 6　参赛期间基金组净利润及手续费走势（单位：元）

（5）量化组

量化交易的特点是摒弃主观判断，采用客观交易策略。比赛期间量化组的手续费为 1.33 亿元，净利润为 1.05 亿元，半年期的收益率为 4.5%。其中，45.5% 的账户盈利。若不考虑手续费，盈利将达到 1.33 + 1.05 = 2.38（亿元）。在 4 个组中的战绩仅次于基金组。

另外，在外盘赛方面，由于参赛人员大大少于内盘，仅分轻量组（小于 10 万美元）和重量组两组，实际上重量组包含了基金等专业交易者在内。从品种成交看，由于外盘品种较多，比赛期间共成交了 600 多个品种。其中新加坡交易所、芝加哥商业交易所、港交所的品种是参赛者相对喜欢交易的品种，原油、黄金，港交所恒生指数系列是交易者最喜欢交易的品种。另外，外汇期货也是交易量较大的品种。东京商品交易所、LME、ICE、Eurex 等交易所的品种也有不少成交。

外盘赛中，1 899 个坚持到最后的参赛账户中，有 319 个账户实现了盈利，盈利账户数占比 16.79%。总亏损 287 万美元，半年期的收益率为 −4.52%（见表 2）。

表 2　外盘赛各组数据

组别	最终参赛账户（个）	最终参赛资金（万美元）	盈利账户数（个）	盈利账户占比（%）	累计净利润（万美元）	收益率（%）
轻量组	1 780	1 656	260	14.6	-520	23.89
重量组	119	4 402	59	49.58	232	5.56
合计	1 899	6 058	319	16.79	-288	-4.52

分组别看，轻量组即散户组的盈利账户数占比 14.6%，总亏损 520 万美元，半年期的收益率为 -23.89%。

重量组即大户组的盈利账户数占比 49.58%，总盈利 232 万美元，半年期的收益率为 5.56%。

不难看出，与内盘交易一样，重量组的战绩远高于散户。

扪心自问——你适合做期货吗

讲了这么多故事，目的是什么呢？细心的人不难体会到，那就是期货交易是有风险的，从事期货交易，既可能挣钱也可能亏钱，有时还可能亏得很惨，成功并不是那么容易。其中的风险与艰辛，门外汉不一定清楚。只有当你深切了解期货的风险与艰辛后，才能扪心自问，自己究竟适不适合进行期货交易。

1. 你认识期货交易的高风险吗

一些新入市的投资者会这样想，期货交易是有风险的，不过，只要我小心一些，亏损的可能性就不大，即使亏损，也不至于大亏，抓住机会，大赢一把，什么都有了。这种想法，固然有其合理性，但仍旧暴露出对风险意识认识的不足。原因在于：一是在期货交易中，风险和收益是对称的，小心固然能降低风险度，但同时降低了潜在的收益率；二是在突发事件中，有时即使已经很小心了，仍免不了发生较大的亏损，比如，很小的持仓，但如果碰到接连的反方向停板，还是会有很大的损失；三是机会的认定往往是主观的，如果客观情况恰好与之相反，大赢一把很可能变为大亏一把；四是初入市的交易者在小心的心态下，如果连续挣了些小钱，往往会改变小心的心态，他们会想，如果前几次交易的单量大一些，赚的钱不就更多了吗？在这种思想指导下，风险意识会逐渐淡化。可以说，期货交易中的成功人士都有这么个经历，从小心到大意，然后在吃了大亏后再转为小心。

下面这个故事就描述了初入市投资者的心路历程。

案例

邻居老王有个10万元的期货账户，一直以来小心谨慎地做些便宜的农产品，缓解一下退休无事可干的寂寞。最近行情甚是火爆，是明显的多头行情。老王也耐不住农产品波澜不惊的行情，战战兢兢地做了一手铜。这下可了不得，一下赚了近万元！老王乘胜追击，又追了两手，虽然资金占用几乎到了100%，但浮盈也大幅增长。老王心里那个美呀！

这时正逢一年一度的“双11”，所有的商场都在打折。老王想最近赚了这么多钱，也该买件衣服犒劳下自己。正好是晚上九点，老王习惯性地掏出手机看看夜盘开盘行情。“不错，又涨了点”，他放心地把手机收起来，转头去了小区对面的商场，进了品牌店，准备给自己买条运动裤。

刚进试衣间，手机突然响起警报，老王低头一看，屏幕上的价格闪个不停。短短1分钟，不，几十秒，价格直接打到了跌停板附近。不得了！赶紧止损，平仓！平仓！全部挂跌停价格成交！

一通手忙脚乱后，老王账户的盈利已经全部回吐，还亏了两万块钱！这还幸亏老王及时看盘，及时平仓止损了。

2. 你真的清楚期货交易的风险吗

期货交易有很大的风险，但风险究竟有多大，我们不妨看一下期货交易风险说明书。按照规定，交易者在开设期货交易账户之前，都必须签名确认已经阅读过期货交易风险说明书。目前的说明书通常会提示期货交易中有可能涉及的15个风险点，下面仅列出前面的4条内容。

小贴士

期货交易风险说明书

根据中国证监会的规定，现向您提供本期货交易风险说明书。本说明书所称期货交易，是指采用公开的集中交易方式或者国务院期货监督管理机构批准的其他方式进行的以期货合约或者期权合约为交易标的的交易活动。您应当充分理解并遵循“买卖自负”的金融市场原则，理解期货合约交易与期权合约交易的全部交易规则，充分认识期货交易风险，自行承担交易结果。

您在考虑是否进行期货、期权交易时，应当明确以下几点：

一、您应当充分了解并确认知晓，期货合约交易采取保证金交易方式，具有杠杆性，带有高度的风险性。相对较小的市场波动，就可能使您产生巨大亏损，损失的总额可能超过您存放在期货公司的全部初始保证金及追加的保证金。期权合约交易采取权利金和保证金的交易方式，如您购买期权合约可能没有任何收益，甚至损失全部投资；如您卖出期权合约，您可能发生巨额损失，这一损失可能远大于该期权的权利金，并可能超过您存放在期货公司的全部初始保证金及追加的保证金。

二、您应当充分了解并确认知晓：假如市场走势对您不利导致您账户的保证金不足时，期货公司会按照期货经纪合同约定的时间和方式通知您在规定时间内追加保证金，以使您能继续持有未平仓合约。如您未于规定时间内存入所需保证金，您持有的未平仓合约将可能在亏损的情况下被强行平仓，您必须承担由此导致的一切损失。

三、您必须认真阅读并遵守期货交易所和期货公司的业务规则，如果您无法满足期货交易所和期货公司业务规则规定的要求，您所持有的未平仓合约将可能根据有关规则被强行平仓，您必须承担由此产生的后果。

四、您应当充分了解并确认知晓，在因市场行情波动剧烈出现单边涨跌停价格、投资者缺乏投资兴趣、流动性的变化或其他因素给某些合约市场的流动性、有效性、持续性等带来不利影响时，您可能会难以或无法将持有的未平仓期货合约或期权合约平仓。如出现这类情况，您的所有保证金有可能无法弥补全部损失，您必须承担由此导致的全部损失。

……

本期货交易风险说明书无法揭示从事期货交易的所有风险和有关期货市场的全部情形。您在入市交易之前，应当全面了解期货交易法律法规、期货交易所及期货公司的业务规则，全面评估自身的经济实力、产品认知能力、风险控制能力、生理及心理承受能力（仅对自然人客户而言）等，审慎决定是否参与期货交易。

说明书反复提示期货交易可能导致“损失”甚至是“全部损失”，这可不是吓唬人的书面语，而是期货交易中时时刻刻可能发生的最真实的情况。不妨回看一下前面介绍的期货大奖赛分析结果，散户的盈利面只有23.5%，这意味着76.5%的交易者是亏损的；专业的基金组的盈利面也仅为51.9%，意味着48.1%的基金是亏钱的。

3. 风险警示——输不起的钱不宜入市

无论是新打算入市的交易者还是已经入市的交易者，充分认识期货交易的高风险特征都十分重要。

入市交易，只应用“闲钱”交易，不应将赖以生存的钱投入期市，不要将不能输或输不起的钱投入期市。

入市交易，应该从小额交易做起，慎重地选择入市时机，应该量力而行，留有余地，还应该设立止损点位，勇于认错，不与市场作对。

这些不仅是人们的经验之谈，还是多少人的血泪教训。

即使从交易者必须保持良好的心态这个角度来说，一个输得起的交易者也有更大的优越性。对一个输不起的交易者而言，一旦价格走势对自己的持仓有些不利，就会引发出莫名的恐惧感，这种恐惧感不仅会影响其判断力，使其发出错误的指令，也会大大限制其应有的获利能力。

4. 什么是输不起的钱

做期货需要投入资金，投入资金的目的与其他商业活动一样，也是将本求利。但由于期货投资的风险远高于一般的商业活动，必须想到不仅可能挣不到钱，还可能连投入的本钱也亏掉。如果亏掉本钱后会给你的生活或经营带来巨大影响乃至无法安身立命，那这些钱就是输不起的钱。

（1）家庭生活开支、生产经营流动资金不宜投资期货交易

期货投资只是生财之道，切不可本末倒置，影响正常生活和经营。用于家庭吃穿住行日常生活消费的资金绝不可以投资期货，就是压缩正常消费也不可取。做生意办企业，流动资金是血液，断不可挪作他用。

（2）购房、结婚、上学、养老等资金不宜投资期货交易

购房、结婚、上学、养老等资金的特点是量大、急需。一定要把握好使用这些钱的原则：专款专用，不能挪作他用。因为这些钱属于百分之百的稳健型资金，适宜储蓄，不能有一点闪失。一旦蒙受损失，不仅个人生活质量会受到巨大影响，还会连累到其他家庭成员，甚至引发社会问题。

（3）借贷资金不宜投资期货交易

借他人的钱款用于期货交易，贷款进行期货交易都是万万不可取的。要做期货，必须是自有资金。用非本人资金进行期货交易，一旦到期不能归还便使自己陷入困境。而且，用这些资金进行期货交易，从一开始操作心理就存在压力，情绪不稳，后果可想而知。

期货本身具有杠杆性，如果你再借钱炒期货，杠杆就显得异常大，人性

的弱点就会在杠杆面前展露得淋漓尽致。当你用借来的钱炒期货的时候，你的压力会异常大，你考虑的已经不仅仅是行情本身，还有无法按时还款的压力及亲戚朋友的舆论压力。亏钱的时候，你会因为急于翻本而盲目操作，因为此时的你，已经无法冷静。当债务压力占据你的内心深处时，对行情的分析和操作就无法做到客观理智，在这种情况下，亏钱的可能性会陡然增加。

记得前面介绍的“棉花期货——利弗摩尔的滑铁卢”吗？利弗摩尔在棉花期货上翻船后还剩下20万美元。但是，祸不单行的他突然生病了，再加上其他事情也急需用钱，为了继续交易，他在证券公司先借了一些。哪知心态不稳的他接连犯错，最后不但把剩余的20万美元赔光，还债台高筑。就这样，当了不到一年的百万富翁，他又破产了。

当投资者准备借钱炒期货时不妨想一想，号称天才投机家的利弗摩尔尚且如此，你会比利弗摩尔还厉害吗？

案例

司马书双，1968年出生，大学毕业后进入濮阳某银行工作，先后做过大厅经理、金融理财师，后来被提升为支行营业经理。

2008年，股票价格一直狂跌。司马书双经过分析，认为奥运前夕期货市场必定阳光明媚，于是他把宝押到期货市场上。那段日子他为本金心急如焚，恨不得拿房子抵押投进去。这时一个朋友借给他300万元，他憧憬着发大财的日子早日到来。

但事与愿违，没有多久，这笔钱竟然赔光了。朋友的血汗钱打了水漂，一时之间，司马书双成了热锅上的蚂蚁，急得团团转。

2008年9月7日，司马书双像往常一样准时来到单位。趁客户还没有进门，其他员工也都忙着打扫卫生时，他“巡视”到同事的柜台前，用手使劲一抠，不声不响地将同事的抽屉拉开，捏出了同事的权限卡。见依然没人注意自己，他又斜着身子打开同事的电脑，利用自己的授权卡和同事的权限卡及密码，进入了银行网络储蓄系统的电子钱柜。就这样，司马书双提取了500万元，其中300万元打到朋友的账上，200万元打到自己的账上。提现装车后，犹如惊弓之鸟的他驾车出逃，一路狂奔。两个月后，他落入了法网，等待他的是15年的漫长刑期。

5. 配资交易——期货交易的“死地”

最近几年，互联网上出现了不少打着“期货配资”招牌来招揽业务的广告。尽管在2011年7月5日中国证监会发出了《关于防范期货配资业务风险的通知》，但是打着“投资管理有限公司”“投资咨询有限公司”旗号的期货配资公司却依旧我行我素，十分活跃。

中国证监会的通知对“期货配资”进行了如下描述：

“配资公司经工商管理部门核定登记的范围多为投资咨询、投资管理或管理咨询等，未取得任何金融业务许可牌照，涉嫌超越经营范围从事资金借贷业务。配置资金进入不同投资领域，其中包括期货市场。配资业务进入期货市场时，多以配资公司控制的个人名义在期货公司开立期货交易账户，并将账户提供给客户使用，客户存入自有资金，配资公司以此为基数，向客户进行配资。配资公司在交易过程中对客户交易账户实施风险控制，亏损达到一定比例时对其进行平仓或要求其追加保证金，以保证配资公司自身资金不受损失，同时收取高额资金使用费。

由于在配资业务中，客户资金被配资公司控制，其安全性难以得到保障，且配资放大了杠杆比例，加大了客户财务风险。同时，配置资金进入期货市场，可能扰乱期货市场秩序，存在风险隐患。”

交易者通过配资公司的配资从事期货交易，本质上就是举债交易，就是“输不起”的钱，用输不起的钱进行交易是交易者的大忌。《孙子兵法·九地篇》对战争地形进行归类，其中有“死地”之说，所谓“死地”，是指“疾战则存，不疾战则亡者。”交易者用配资从事期货交易就是将自身置于“死地”。

比如，交易者有 1 万元自有资金，获得 9 万元的配资，总共有 10 万元交易资金。假定期货保证金为 10%，则可以从事 100 万元的交易额。

首先，配资的 9 万元是每天都需要付出资金成本的。通常情况下，年利率 24% 已经可以算良心价了（按此计算，每个月的利息就是 1 800 元，这意味着，如果一个月不交易，你的 1 万元本金就只剩下 8 200 元，损失率达到 18%）。配资者为了充分利用资金通常会满仓交易，因为不满仓意味着资金有闲置，就失去了配资的意义。另外，从提高资金利用率出发，配资者基本上倾向于高频交易，不愿意放弃任何一次自以为是的交易机会。

其次，配资公司为了防范自身的风险，不会让你的损失超过 1 万元，因为超过 1 万元损失意味着配资公司在分担你的损失了。配资公司为了确保避免这种风险，会采取一系列措施。

措施一，配资公司在期货公司开立自己可控制的期货交易账户，要求配资者将自己的资金打入该账户内。

措施二，当你的亏损达到 0.6 万元时就会被要求减仓或追加资金，亏损达到 0.7 万元时就会被配资公司的监控人员强行平仓。这意味着一次交易的亏损达到 0.6% 就需面临追加保证金的局面，达到 0.7% 就会被强平，追保的杠杆率达到 100/0.6 = 166.7 倍！

措施三，为了避免持仓的隔夜风险，配资公司规定你的持仓不能过夜，甚至不能持仓过午。这意味着配资者只能进行日内超短线交易。

最后，配资公司对配资者收取的交易手续费远高于期货公司收取的手续费。通常，配资公司可以通过期货公司返回部分交易手续费，这返回的部分实际上就是配资公司赚取的手续费差价。

不难看出，高频超短线、高杠杆及高交易成本是配资交易的基本特征，仅从概率游戏的角度看，“三高”条件下的交易者无疑将自己置身于期货交易中的“死地”了，结果一定是失败者，最终不但将本金赔光，还白白地给配资公司做了一阵子“打工仔”。

事实上，配资交易者还可能面临另一个更大的风险，那就是配资公司的信用风险。由于交易账户是配资公司掌控的，如果配资公司突然销户失踪，你去找谁讨要你的保证金？

配资交易的危害和风险如此明显，任何一个理性的投资者都应该远离配资交易！

6. 你有交易时间吗

作为高风险交易的期货交易，它不仅需要投资者投入资金，更重要的是还得投入大量的时间和精力。

你有大量的时间吗？如果你连看盘的时间都没有，也没有时间去阅读相关资料及分析行情，那应该怎么做呢？必须明白，做期货与做股票对时间的要求是不一样的，它不能像股票那样可以久拖不决，暂时缺位也无妨。特别是当行情波动较大时，如果你拥有持仓却不在现场，很可能因处理不及时导致重大亏损。

比如，投资者拿10万元满仓买了股票，没多久股票价格下跌了20%，但是投资者因为忙于其他事情没去看盘，没想到股票价格先跌后涨，两个月后反而还挣了20%。但如果同样的情况发生在期货交易中，结果会怎样呢？假定保证金比例为10%，投资者只动用了一半资金，即半仓交易，买进期货合约后无瑕照看去忙别的事情了。结果期货价格也是先跌了20%，两个月后大幅上涨，投资者看到价格后是不是还以为自己挣钱了？对不起，实际上在期货价格下跌20%时你的仓位就已经被强制平仓了，账户上只有些许零钱，尔后的期货价格再怎么上涨都与你无关了。

万维钢曾是美国科罗拉多大学物理系研究员，擅长用理工科思维理解世界。他是一位多家知名网站专栏的特约撰稿人。2017 年，他在一篇《用别人预测自己》的文章里提到了自己做期权的经历：

案例

一开始万维钢只是买股票，后来觉得股票没意思。他认为虽然花了时间研究股票，可是 4 万美元的本金，即使是股票价格上涨 10%～20%，也就是几千元，这个时间花得根本不值。于是他开始买期权。

对手里持有大量股票的机构来说，期权是一种对冲风险的工具，相当于是给股票买了个保险。但是对手里没有股票的万维钢来说，期权是个高风险的杠杆交易。开始他运气很好，挣了点钱，账户最高的时候达到了 13 万美元。这个时候有个朋友就劝他不要再玩期权了，因为几个做期权的朋友都赔得血本无归，风险实在太大。但这个劝告万维钢根本听不进去。后来他连续判断错误，几个月的时间账户就清零了。

后来万维钢对自己的行为进行了分析：别人业余买期权都失败了，那么和别人相比，自己有什么特殊之处呢？可以说没有。首先没有深入研究过期权，没有什么操作经验，也没有独创一套成熟的买卖期权的方法。其次，和别人相比自己还有很多劣势。一是科研工作繁重，平时还爱看书，并不会花太多时间在股市上。二是炒股的态度不够严肃认真，经常不顾交易纪律去寻求刺激。那么综合考虑，万维钢认为自己并没有比别人强的地方，所以他放弃了买卖期权。

万维钢的分析是理性且到位的。人的时间和精力是宝贵的，也是有机会成本的。花费大量的时间和精力投资股市，当投入资金不大时，即使挣了 20%，对他的时间和精力而言意义不大。只有杠杆交易潜在的高利润才对得起他的时间和精力。当他尝试之后发现自己并不具备优势，也没那么多的时间和精力去获得这种优势时果断放弃了，可以说这是一种大智慧！

如果你没有时间和精力从事期货交易，你就不要亲自做期货交易了。全力以赴都无法保证一定能挣钱，三心二意就更难了。如果你实在对期货情有独钟，还不如寻找一位比自己更适合做期货的人，委托他进行交易，或者是让他做你的投资顾问。

7. 委托他人交易要注意哪些风险

期货交易具有极强的专业性，只有交易者具备丰富的专业知识、交易经验及良好的心态时，长期获胜的把握才会更大。这当然需要交易者的全身心投入。如果投资者不具备这些条件，委托专业人士及机构来进行期货交易应该说是一个可行的办法。境外一些发达国家和地区，接受客户委托从事期货交易的基金非常多，已经形成一个比较规范的行业。在美国，这些接受客户进行期货交易的交易者通常被称为商品交易顾问（Commodity Trading Advisors，简称 CTA）。无论是私募基金还是公募基金，都置身于一定的监管之中。比如，所有 CTA 都必须在美国证券交易委员会（CFTC）和美国期货业协会（NFA）登记注册成为其会员，并且必须定期向 CFTC 报告账户，提供交易记录，进行信息披露，定期向 NFA 提交报告，进行信息披露。基金业发达后，也产生了众多的基金评议机构，随时向投资者提供基金业的分析比较报告，其透明程度相对较高。出色的基金及明星基金经理受人追捧，而业绩差的基金遭人唾弃。在这种情况下，除了交易业绩风险外，其他的风险相应降低了。

国内期货市场运作多年，经过大浪淘沙式的筛选，的确也存在一些比较优秀的期货交易者和专业机构。代客交易或接受客户委托的期货基金业务在逐渐形成。目前大致可以分为三种类型：一是有些期货交易者，在长期的交易生涯中积累了比较丰富的经验，获得了其他客户的信任从而委托其交易，委托者与受托者之间以私人关系为主；二是由投资公司建立的各种私募基金；三是期货公司开展的资产管理业务，其性质类似于私募基金。公募型的期货基金还未出现，尽管2016年10月19日中国证监会已批准南华期货公司设立公募基金，但从南华基金发行的产品看，依旧以证券为主，与期货关系不大。2019年8月，中国证监会批准了三家基金公司推出商品期货ETF（华夏饲料豆粕期货ETF、大成有色金属期货ETF、建信易盛能源化工期货ETF），看上去似乎与期货有关，但实际上只是一款被动跟踪期货价格的产品，与主动管理追求收益的期货基金有很大差别。

委托他人交易的难点在于找到一个优秀的受托人。如果委托非人，结果很可能也好不到哪里去。因此，在寻找受托人时必须注意其中存在的风险。

首先，网络时代，骗子们隐匿于网络中，通过虚假宣传或冒充境内外知名交易商，把自己包装成战无不胜的期货大师，通过网络、微信或电话引诱那些对期货市场并不了解但又发财心切的潜在投资者。这些投资者一旦上当，就不是亏钱赢钱的问题，而是投入的资金将“尸骨全无”。千万不要轻信那些素未谋面的期货高手，千万不要将资金打入来历不明的陌生人的账户。

其次，如果通过朋友介绍或自己认识的专业期货操作人员，当你委托他们之前，请务必做好考察工作。对方的交易时间有多长，过往的交易绩效如何，交易理念是否适当等都得了解，并在此基础上进行判断是否值得委托。有些操作者在推销期货交易时，只展示过往好的一面，对失败避而不谈，更有甚者，操作者在推销时向客户保证或许诺盈利，好像他是常胜将军似的，但这些都不能轻信。说实话，一个在期货市场没亏过钱的交易者反而是不成熟的。如果信任程度不是很深，委托中必须坚持用自己的账户并自行掌握出入金权限。你可以与对方约定盈利后的奖励机制，但要防止操作人员为了拿交易佣金而疯狂炒单的不道德行为。

委托私募基金也需谨慎，不同的基金具有不同的理念和操作风格。这个市场上，既有稳健型的基金经理，比如将重点放在套利交易方面，也有激进型的基金经理，后者的业绩有时会十分耀眼，但遭遇爆仓清盘的也往往是这些基金经理。

当然，即使找到了比较理想的受托人，也不能认为受托人只能盈利不能亏损，毕竟这是期货交易，即使是高手也有失手的时候。只要受托人尽心尽职，发挥了他的聪明才智就可以了。

小贴士

美国的 CTA 和 CPO

1949 年，美国海登斯通证券公司的经纪人理查德·道前（Richard Donchian）建立了第一个公开发售的期货基金，成为世界上第一只真正意义上的期货投资基金。

二十世纪六七十年代，期货投资基金开始引起人们的兴趣，当时的投资者主要是小资金客户。1975 年，美国商品期货交易委员会（CFTC）成立，监管期货投资基金经理（CPO）和商品交易顾问（CTA）的活动。

CTA 是指在 CFTC 注册，通过给客户提供期权、期货方面交易建议或者直接通过受管理的期货账户参与实际交易来获得收益的机构或个人。商品交易顾问（CTA）一般受聘于某个期货投资基金的商品基金经理（CPO）。CTA 负责期货投资基金具体的交易操作，决定具体的期货投资策略。

广义的期货投资基金主要包括以下三类：公募期货投资基金、私募期货投资基金和个人管理期货账户。公募期货投资基金一般参与成本较高，操作上没有私募基金和个人管理账户灵活。从美国的情况来看，公募期货投资基金的投资回报率在三者中最低。私募基金适合于高收入的个人或机构投资者，往往采用有限合伙的形式，分为一般合伙人和有限合伙人，投资者人数和最低出资额都受到严格的限制。私募基金操作灵活，费用低，其市场表现优于公募基金，但其运作透明度低，因此风险也大于公募基金。投资者还可以选择一个 CTA 来管理他们的资金，开立个人管理期货账户。个人管理期货账户是指投资者直接将账户交由 CTA 管理，实际上相当于购买 CTA 的交易技能，其优势在于可免去公募基金和私募基金的管理费。

二十世纪八十年代，期货品种由农产品发展到债券、货币、指数等金融领域，期货投资基金在资产的风险管理与运作方面的作用日趋重要。随着现代投资组合理论的诞生和投资技术的不断变化，期货投资基金规模迅速扩大。据统计，过去40年，期货投资基金的规模从1980年的3.1亿美元增长到2018年年底的3 550亿美元。

小贴士

期货公司资产管理业务

2012年7月31日，中国证监会发布《期货公司资产管理业务试点办法》，自2012年9月1日起施行。在此之前，期货公司只有单一的经纪业务，代客交易是禁区。从这以后，期货公司多了一个新的业务，符合规定条件的期货公司可以开展代客理财交易。2017年12月7日，中国证监会又发布了上述办法的修订版。

该办法规定：

资产管理业务是指期货公司接受单一客户或者特定多个客户的书面委托，根据本办法规定和合同约定，运用客户委托资产进行投资，并按照合同约定收取费用或者报酬的业务活动。

单一客户的起始委托资产不得低于100万元人民币；

资产管理业务的投资范围包括期货、期权及其他金融衍生品，股票、债券、证券投资基金、集合资产管理计划、央行票据、短期融资券、资产支持证券等；

不得通过电视、报刊、广播等公开媒体向公众推广、宣传资产管理业务或者招揽客户；

不得公开宣传资产管理业务的预期收益，不得以夸大资产管理业绩等方式欺诈客户；

应当对客户适当性进行审慎评估；资产管理合同应当明确约定，由客户自行独立承担投资风险；

不得向客户承诺或者担保委托资产的最低收益或者分担损失，可以与客户约定收取一定比例的管理费，可以约定基于资产管理业绩收取相应的报酬。

从这一系列的规定看，期货公司的资产管理业务与私募基金的性质没有多大差别。中国证券投资基金业协会公布的证券期货经营机构资管产品备案月报显示，截至2019年9月底，证券期货经营机构私募资管业务管理资产的规模合计19.07万亿元（不含社保基金、企业年金及券商大集合），其中，期货公司资管业务管理资产的规模达1 342亿元。

8. 冠军也需谨慎交易

2004年10月28日，《广州日报》和《新快报》同时刊发题为“长安银闰铖功5号暴跌将清盘”和“长安基金一专户单日暴跌23%或被迫清盘”的新闻，随后各媒体纷纷跟进报道，一时间“银闰铖功5号”成为市场上的一个新闻热点，在搜索引擎中，“银闰铖功5号”，一下多出了几万条。

要说私募基金清盘的消息，在国内早已不算什么新闻了。私募公司几千家，产品上万只，无论是到期清算还是中途因亏损清盘，都属正常的死生之道，人们早已司空见惯，见怪不怪了。为什么“银闰铖功5号”能够成为市场热点呢?

其原因在于“银闰铖功”的掌门人刘增铖乃是期货市场中名声赫赫的顶级操盘手，在期货这个小众市场里，几乎人人皆知。

有关资料显示，刘增铖原是国家公务员，中共中央党校法律系本科毕业。1990年开始进入证券市场，1992年进入期货市场，2002年开始组建自己的交易团队。2006—2011年连续6年参加《期货日报》全国期货实盘交易大赛均荣获优胜奖。其中，2010年度以689%收益荣获全国趋势投资奖全国亚军，并获得年度混合投资奖全国季军，2011年又荣获“笑傲江湖”期货实盘大赛赛季收益冠军。同年，刘增铖正式辞去公务员工作，6月9日在广州创办广州银闰投资有限公司，注册资金100万元。

2012年8月15日，银闰投资设立了一个名为“铖功程序化”的期货账户，9月27日，又设立了“铖功超短交易”期货账户，但运作至年底，两个账户的收益情况并不理想。“铖功程序化”年底的净值仅为0.9367元，“铖功超短交易”年底的净值为1.0194元。但是，2013年“铖功程序化”成为一匹典型的黑马，年底的累计净值高达 6.6834 元，当年收益率高达 613.51%。2014 年 1 月后，该产品继续上行，1 月 8 日最高净值更是高达 8.6079 元。而另一账户“铖功超短交易”年底净值为 1.3967 元，收益相差巨大。2014 年 8 月 1 日，他又新开设了一个名为“铖功主观交易”的账户，该账户年底的净值达到 2.0010 元，按年化收益率计算，也达到了 240%。

2013 年，私募冠军的收益率为 400%，而“铖功程序化”以 613.51% 的年收益率直接将其秒杀。私募排排网向其颁发了“2013 年度中国最佳管理期货策略对冲基金”及“2013 年度对冲基金七大策略排名年度总冠军”称号。

如果说六次期货实盘交易大赛的获奖，将刘增铖的声势越推越高的话，那么“铖功程序化”的表现更是烈火烹油，鲜花着锦。媒体如追星族一般争相追捧，一时间，“常胜将军”“顶级操盘手”“趋势猎手”“冠军之王”等美称都从天而降，期货圈内的各种会议也都以能够邀请到这位“奇人”为荣。

接踵而至的不仅是采访、报道和鲜花，更重要的是资金。2014 年 2 月，广州银闰通过财通基金发行了银闰铖功 1 号；3 月，通过财通基金发行了永安铖功 2 号，又和天弘基金合作发行了铖功 3 号，还通过长安基金发行了铖功 5 号；5 月，财通基金又成功发行了铖功 6 号和铖功 7 号。

铖功系列的发行条件相当优渥，比如规定认购费 1%，年管理费 1.5%，最低认购金额为 100 万元。在利润分配上，通常设定为一年分配一次，收益率在 0 ~ 30%，按 20% 提成；30% ~ 100% 的部分，按 30% 提成；超过 100% 的部分，按 50% 提成。在风控方面，分别规定了预警线、止损线和清盘线，在具体标准上不同的基金有所不同。

4 个月内铖功系列的 6 个期货基金均圆满地成功发行，这在期货界简直是一个奇迹，“常胜将军”的光环发挥了关键作用。

10 月 29 日，一些知情人士开始在网上对清盘事件进行解析。31 日，刘增铖在网上公开发布道歉信。根据上述资料，大致可以描绘出清盘事件的来龙去脉。

10 月 23 日之前，铖功系列基金产品的净值都在 0.8 ~ 0.9，他需要一个极佳的行情来实现反转。刘增铖认为最近外盘原油大跌，国内前期化工产品大部分都跌幅可观，只有 PVC 期货跌幅较小，便将救命稻草押在了 PVC 期货的补跌上。

23 日 PVC 期货主力 1501 合约低开，刘增铖便以市价报单，做空 1501 合约，PVC 期货 1501 合约顺势跌停。刘增铖的预想是在第二天顺势获利平仓，但令其没有想到的是，当天跌停后不久，1501 合约便涌现出不可小觑的多头力量，该合约在跌停板停留几分钟后开始大幅反弹。

面对上涨行情，刘增铖心有不甘，于是狠下心来，不断平掉其他品种的头寸，加空 PVC。当几个基金产品的资金用完后，又将个人委托理财的资金，全部赌在 PVC 的空头上。

PVC 期货 1501 合约继续上涨，于是灾难开始发生了，个人账户由于仓位过重，导致部分被期货公司强平，强平后个人账户的净值剩下 0.3 左右。公开发行的几个产品，除了采用事前风控的期货公司外，采用事后风控措施的 4 只产品全部跌破强平线 0.7，滑至 0.6 附近。

图 7 为 PVC 期货 1501 合约日 K 线图，图中，最低价的 K 线便是 10 月 23 日的 K 线。从图中可见，当天的交易量暴增。图 8 是 PVC 期货 1501 合约在 10 月 23 日当天的分时走势图。

图 7　PVC 期货 1501 合约日 K 线图

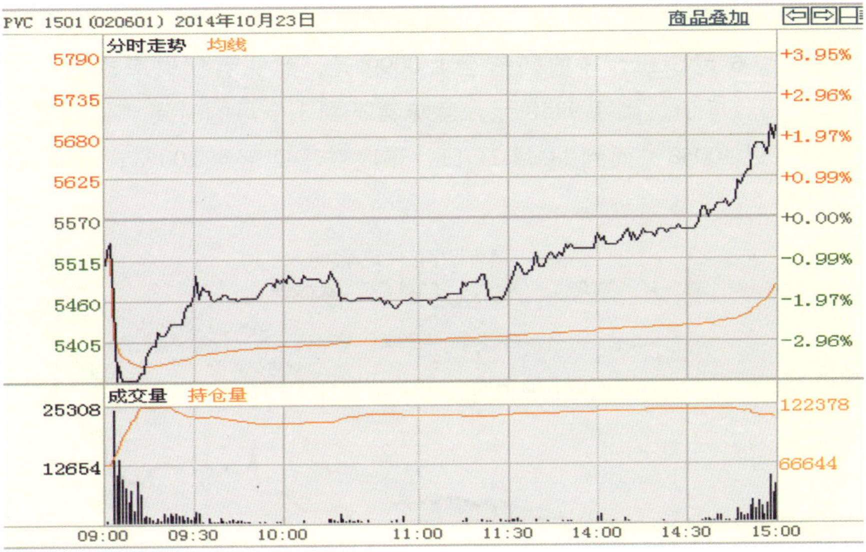

图 8　PVC 期货 1501 合约在 10 月 23 日当天的分时走势

中国证监会于 2016 年 11 月 11 日对刘增铖操纵 PVC 期货 1501 合约价格行为发出行政处罚决定书，对刘增铖处以 50 万元罚款。

9. 重仓之伤的启示

(1) 重仓交易必然承担高风险

任何投资活动，收益和风险是一对永恒的矛盾，也是投资者必须面对及处理的核心主题。对期货交易而言，由于具有杠杆作用，使得这一对矛盾显得更尖锐。在期货交易中敢于重仓的交易者意味着放大了杠杆，看对行情时其收益自然可观，若接连看错几次行情，面临的损失也是惊人的。

刘增铖无疑是一个敢于重仓交易的冒险者，实际上，从其最为成功也是被媒体追捧的“铖功程序化”的表现也能看出来。

图 9 显示，2013 年 3 月 22 日，“铖功程序化”第一次创下新高，净值达到 2.118 元。6 月 5 日，净值回落至 1.0099 元，意味着损失率超过了 50%；到 8 月 27 日，净值达到 4.9950 元，意味着不到 3 个月的时间“铖功程序化”的收益率几近 400%；而到 11 月 21 日，该收益率回落至 200%，意味着利润吐掉了一半。

图 9　铖功程序化净值变化

净值或收益率大起大落的情况通常都与重仓有关，即使结果非常漂亮，也是承担高风险的结果。媒体的宣传报道通常只看结果而不关注过程，当然，对过程中承担的风险也会熟视无睹或者轻描淡写。

（2）江山易改，本性难移

2014 年 4 月，刘增铖曾接受《华夏时报》专访，当时已经有几个“铖功”系列基金发行。在采访中，刘增铖多次向记者表示压力很大，“2013 年有这么好的业绩，以后是否还有我们也不知道”。他还表示在规模做大之后更倾向于把业绩做平稳，为了匹配自己对资金仓位的管理能力和市场环境的适应能力，当时是轻仓运行，仓位在三成左右。这表明当时刘增铖还是清醒的。

几个月运作下来，净值落在 0.8～0.9，这种焦灼感的压力不难理解。毕竟这与“铖功程序化”的管理或参加大奖赛不同，管理自己的资金可以从长计议，无人问询，即使损失达到50%也可以耐心等待下一次操作机会，大奖赛更无压力，最多没有名次而已。管理他人的资金是在众人的关注下进行的，心情和压力完全不一样。关键时刻，自认为可以搏一把，潜意识中的重仓押注习惯又死灰复燃，正应了一句老话，“江山易改，本性难移。”但这一次，命运之神不再眷顾，一天内将预警线、止损线和清盘线悉数击溃，招祸之门仍旧是重仓。

刘增铖在道歉信中解释：当价格上涨触及其止损位时便决策平仓，但是由于多头不肯平仓，导致从止损位到最终平仓位产生明显滑点。似乎是他在风控上已经做到位了，事故是对手不肯平仓造成的。但期货圈内的人都知道，PVC期货是个小品种，平时的交易量就不大。流动性较差本身就是重要风险源，这几乎是交易者公认的常识。既然敢于在流动性较差的品种上用大单量出击，又何必埋怨对手不肯配合呢。

作为期货市场的“草根”交易者，刘增铖凭着六次大奖赛和“铖功程序化”的光辉形象被基金市场所接纳，从此开始了代客理财的阳光私募之旅。这是一次华丽的转身，可惜的是身转而魂未换，一战即溃。

10. 如何看待期货大奖赛

近年来，国内期货大奖赛搞得如火如荼。从概率分布角度看，可以预料每次大赛既会出现一些高额获利者，也会出现大量的亏损者。大赛受到媒体的关注，特别是一些得奖者，在媒体的热情追捧下，纷纷被包装成期货市场的“英雄”，为他们获取客户的信任打开了方便之门。

2014年10月30日，和讯期货披露了一个期货大赛冠军导致投资者严重损失的案例。据说，投资者裴某通过投资公司找到国内某知名期货实盘大赛往届冠军代为操盘，2014年2月26日投入1 000万元，一开始一切都很美好，最多的时候赚了700多万元。3月9日，双方签下第二份协议，裴某追加投入3 000万元人民币。不久，第一笔资金的盈利在极短的时间内被蚕食殆尽，了结时只剩下682万元，而后续追加的3 000万元亏损更多。亏红了眼、急于翻盘的裴某听从了那个冠军的建议，选择了海外期权作为“救命稻草”，结果又亏了近900万元。当被问及为什么在亏损的情况下还愿意继续追加资金让该操盘手交易时，裴某的回答是：“因为他名气大，他是冠军。”

在期货大奖赛中，既有交易风格比较激进的，也有交易风格比较稳健的。激进的交易者形成两极分化，绝大部分在比赛中亏钱，甚至将本金基本亏完，但这些交易者不会引起媒体的任何关注。只有极小一部分会脱颖而出成为幸运者。由于比赛结果以收益率排名，位于中间地带的稳健交易者反而不容易出头。如何看待这些激进风格的幸运者，他们究竟是找到了期货市场的金钥匙的人，还是偶然因素的幸运儿？投资者可得仔细分辨。

偶然因素有很多，比如，喜欢追涨杀跌的比赛者恰好遇到流畅行情，喜欢抄底摸顶的比赛者恰好遇到来回震荡行情，还有一些用小资金参与比赛者，抱着输光拉倒的心态，敢博敢赌，结果一击而中，排名遥遥领先。更有甚者，开设多个账户，既做空又做多，即使几个账户亏损，反正没人关注，只要有一个大胜，声誉鹊起，就会被看作奇人。媒体在追捧这些冠军时，报道的信息通常是不完整的，在某种程度上，可以说是充满误导的成分。

期货交易的风险始终存在，即使多年的成功者也不能保证不被市场淘汰，对激进的交易者而言，如果一直保持激进风格，最终被市场淘汰几乎可以是确定的。投资者在选择期货基金或操盘手时，首先应有自我保护意识，不要盲目地轻信他人的溢美之词。

莫将核桃认作梅——期货中的真假雷音寺

《西游记》是中国人非常喜爱的古典小说，小说第六十五回讲了真假雷音寺的故事。唐僧师徒四人行走于山中，忽见一座寺庙耸立于山上。火眼金睛的孙悟空仔细观察后说，这祥光瑞霭之中好像有股杀气，不能入内。但唐僧不听，继续前行。看见“小雷音寺”匾额后埋怨孙悟空“差点误了我的大事”。孙悟空苦口婆心地规劝：“不可进去，此处少吉多凶，若有祸患，你莫怪我。”无奈唐僧死活不依，非要认认真真地穿好锦襕袈裟，带领众徒进去礼拜，孙悟空怎么也拦不住。最后陷入黄眉老怪的圈套，差点丢了众人性命。

那小雷音寺与大雷音寺看上去差不多，实际上却不一样，前者是黄眉老怪为了诱骗唐僧特地幻化出来的假雷音寺。可怜那肉眼凡胎的唐僧认不出这个骗局，又不肯听孙悟空的劝导。

互联网时代，网络和智能手机已经成为大众获取信息的主要来源，但网络上真真假假的信息，要仔细分辨清楚还真不是件容易事。骗子们在网络中幻化出一座座与期货有关的假雷音寺，专等“猎物”进坑。本篇就跟大家说道说道期货中真假雷音寺的故事，如果你有资金，有时间，并且还对期货感兴趣，准备到期货市场中实践一番，请务必认真看一看，千万别误入“小雷音寺”而重蹈唐僧的覆辙。

1. 200 多万元只剩 4 万元！真是做期货亏掉的吗

2019 年 5 月 15 日，《绍兴晚报》曾报道过一个案例。

案例

2018 年 9 月，谢女士通过微信认识了一个名叫“长虹”的陌生网友，并被其拉进了一个股票群，里面有专业的“股评老师”指导投资，还经常发送一些股票、期货交易资讯。后来谢女士又被拉进了一个等级更高的 VIP 微信群，里面有一个自称是“李老师”的人专门教授期货投资技术，每天还有其他“投资客”晒出不俗的收益。见到投资期货如此赚钱，谢女士心动了，她按照“李老师”的建议，在“金边公正交易平台”开设了账户，先投入了 30 多万元“试试水”。

在“李老师”的帮助下，她的资产很快涨到了 200 多万元，尝到甜头的谢女士便信以为真，加大投入，之后，交易有盈有亏。每当谢女士想“割肉”时，“老师”和群里的“投资客”就劝她加大投入，以追赶即将到来的“新行情”。2018 年年底，谢女士在平台上先后总计投入了本金 235 万元，账户资产也累计到了惊人的 400 多万元。

2019 年 1 月，谢女士想把本金先取出来，结果被告知期货平台的出金系统正在维护。此时一个电话打过来，对方自称是“李老师”，“李老师”跟谢女士说由于工作调动，以后不会在微信群里指导期货投资了，临走前再给谢女士发点福利，只要把账号交给他，就有望能让谢女士的资产翻一番。谢女士当时以为机不可失，时不再来，便把账号交了出去。

然而，此后短短一星期，谢女士账面上 400 多万元亏得只剩下了 4 万元了，“李老师”也音信全无。此时谢女士还天真地以为是自己运气不好，直到3月底才恍然大悟报了案。

经调查，谢女士所在的微信群一半以上是诈骗团伙成员，一人操作10余个微信号并身兼多重角色，通过“资深老师”讲课、洗脑等方法，诱骗投资者到期货平台炒期货。这个所谓的平台实际上是在境外设立可以人为操控的骗人网站。等到时机成熟，骗子们就操纵期货行情，亏空受害人的资产，最后，将赃款换成美元偷运出国。

在武汉破获的一个案件中，犯罪团伙里每个人都有20多个微信账号，每天都在各个微信群中探讨股票交易，追捧“指导老师”，每个投资群中只有被诱骗的投资者是真实的，其他人都是演戏的托儿。取得投资者信任之后，就诱骗投资人在其设立的期货投资平台上投资。犯罪团伙在网上租用支付通道，投资者以为资金注入到投资平台，实际上支付通道直接将资金转到了该团伙的账户中。所谓的金融平台都是虚拟的，主要目的是吸引投资者投入资金，最终侵占投资者的资金。

从最近几年曝光的案件来看，犯罪团伙套路明显，都是通过微信、QQ、微博、直播软件、电话等各种渠道拉个人投资者进群。进群后你会发现，群员众多，热闹非凡，如晒盈利截图，吹捧“老师”指导有方，感谢老师让他（她）挣到钱，甚至还晒出给老师转发的红包以及老师一本正经退回的截图，同时群主也会对你关爱有加，时不时地跟你聊聊天，让你感受到温暖，并能获得投资机会，让你按捺不住赶紧加入的冲动。一旦进入这种群就相当于唐僧已经跨入了小雷音寺，那些陪你群聊的人实际就是小雷音寺中假扮成泥塑木雕的小妖怪。

现实中还有一种骗局，就是投资者以为自己是在大盘里公开交易，实际上骗子精心设置了一个小盘，投资者在小盘中与犯罪嫌疑人“对赌”投资，所有数据的涨跌和输赢，都是由骗子自由控制。

微信群中的所谓分析师向投资者提供的热情服务，也是帮助诈骗团伙故意捏造虚假信息，确保其交易平台即小盘稳赚不赔。在这个骗局中，投资者在亏钱之后，也基本识不破其中的伎俩，往往以为是自己“投资失败”，只能自认倒霉，几乎没有报警的，欺骗性更强。

2. 李鬼群殴李逵——搜索引擎中的猫腻

各类搜索引擎已经成为网民获取信息服务的必备工具。非法期货的经营者深知这个地方是获取客户的重要之地，自然会十分重视。而搜索引擎公司出于商业利益最大化的目的，通过广告收费为行骗者打开了方便之门。非法期货平台通过假冒伪装等手段，对那些刚想进入期货市场，准备了解期货但又缺乏辨别能力的新人而言，具有很大的误导性和诱惑力。

不妨做个实验。在国内，永安期货公司是合法正规的期货公司，由于经营得当，无论规模和影响力在国内期货公司中都处于领先地位。图 10 是在国内某著名搜索引擎中输入关键词“永安期货”后跳出来的页面。有投资者曾在搜索引擎中搜索“永安期货”字样，结果显示在最前面的四条都有“永安期货”字样，但点进去之后就会发现，实际上都与“永安期货公司”无关，都是假借“永安期货”名目，想得到投资者的电话等联系方式的钓鱼网站。直至第五条才是真正的永安期货公司的官方网站。

案例

2019 年 8 月，于先生被一个陌生人拉进微信股票交流群，一段时间后老师在群里讲解永安期货的一些期货产品，并推荐大家到“永安期货平台”赚钱，说“永安期货平台”高杠杆配资，可以实现收益翻倍。于是于先生就在“永安期货平台”开设了账户，投入 45 万元。可是，跟着老师的指导做了好几次单后就出现了亏损。老师还安慰于先生说不用担心，一把行情就可以翻倍补回来。结果一周时间亏了 39 万元，剩下的 6 万元平台还

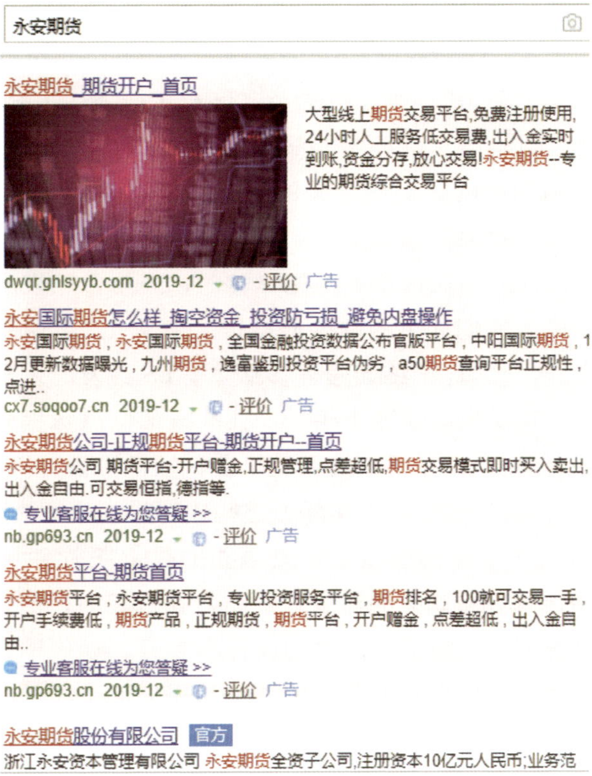

图 10　某搜索引擎搜索“永安期货”的结果

以各种理由不让出金。最后于先生通过网上查询才知道这是个假冒永安期货之名的黑平台。可怜正规的期货公司，不仅被骗子们冒牌顶替，网上查询时前面还挡着四个李鬼，这已经不是一场真假李逵之间的“PK”，而是一个李逵被一群李鬼群殴的事了。

不法分子非常狡猾，假冒网站的隐秘性和迷惑性很强，常用“期货投资咨询服务”为卖点，提供解盘信息，承诺盈利等服务，并且它的仿冒成本非常低，注册个网站，摘录一些信息，安装一两部电话就可以“撒网捞鱼”

了。一些仿冒的网站所显示的公司注册地在 A 地，人员在 B 地，IP 地址却在 C 地。为了迷惑他人，他们会将 URL 地址做的跟正规经营机构的 URL 地址很像，比如用数字 1 代替 URL 地址中的英文字母 I 或 L，让投资者很难识别；或者利用正规经营机构信息系统中的漏洞，嵌入恶意 HTML 代码等方式，诱骗投资者到仿冒的钓鱼网站上做相关的操作，继而骗取投资者的手机号码，甚至用户名、密码等敏感信息。

不法分子对已经入金的投资者实施诈骗时，通常依赖盗版交易软件及假行情。尽管在宣传上他们提供的软件显得很“高大上”，似乎比正规期货公司提供的软件还好，比如，“终端覆盖多版本，BS 线及时发出买卖信号，多空拐点准确把握，新手也能快速上手”“独家行情信息数据先人一步实时直达，覆盖直通各交易所”“准确把握盈利机会，轻轻松松看行情做交易”“软件永久免费使用，点击下载”，但实际上这些软件往往暗藏杀机。盗版交易软件不仅成本低廉，几万元就能搞定，更重要的是盗版软件可以给他们留下“后门”。当喊单老师和可掌控的盗版软件结合在一起时，他们就可以随意玩弄那些上当的投资者了。他们可以做到让你赢就赢，让你输就输。绝大多数上当的投资者没有能力从技术上鉴别软件是正规的还是非法的。在亏光钱以后还以为是自己水平太差或者运气差才会导致亏损。殊不知，在入金之时这个结果就已经注定了。

李鬼太多，怎么识别？告诉你一个小窍门，前面搜索到的几个李鬼网站链接名称后面都有两个字——“广告”，看见“广告”你就得小心点了。同时，你注意到图中第五条链接后面有一个“官方”字样了吗？有这个标记的才是真正的官网。其实，寻找期货公司官网最保险的方法就是上“中国期货业协会”的网站，中国期货业协会网站的网址为 http：//www. cfachina. org。如果你在网站上搜索，不要忘了链接网站后面应该有一个“官方”字样的蓝色小框。

3. 期货市场中“小雷音寺”的特征

非法期货活动猖獗，骗子们利用互联网四处搭建“小雷音寺”。尽管近几年政府已经开始对非法期货活动采取严厉的打击，但期盼骗子绝迹只能是一种美好的愿望。对投资者而言，更重要的是学会如何识别期货市场中的“小雷音寺”。

识别非法期货活动可以从以下三个方面判断：

（1）一看业务资质

期货行业是特许经营行业，按照规定，开展期货业务需要经中国证监会批准，取得相应业务资格。如果是面向公众经办期货业务的公司都应该是“××××期货有限公司”。目前，我国批准的这类公司总共只有149家。这149家都是中国期货业协会的会员单位，在中国期货业协会的官方网站上都可以查到。未取得相应业务资格而开展期货业务的机构都是非法机构，不要与这样的机构打交道，以免上当受骗。

查询方法为：点击中国期货业协会网站首页中“信息公示”，再点击“期货公司信息公示”，即出现图11的页面。

合法从事期货业务的人员必须取得期货从业人员资格。如果有不具备期货从业人员资格的人出于经营目的鼓动你到他们那里从事期货交易，一定要先查一下其是否具有期货从业人员资格。如果没有，就得警惕了。如何查询呢，同样是在中国期货业协会网站上。

非法期货引诱客户的一大手段是冒充“专家”或者“老师”进行期货投资咨询活动，但你必须知道，合法的期货投资咨询人员不仅必须具有期货从业人员资格，还必须具备期货投资咨询资格。如果不具备，你也得小心了。如何查询呢，同样是在中国期货业协会网站上。

具体查询方法为：点击图 11 中某一期货公司，就会出现该期货公司所有从业人员的名字以及相关信息的表格。

图 11　中国期货业协会网站查询期货公司

图 12 显示的是方正中期期货有限公司的从业人员信息，其中第四列为“投资咨询从业证书号”，凡是在名单中具有证书号的即为“投资咨询从业人员”。另一种查询方法就是直接在“信息公示”中的“从业人员公示”页面上方的查询框中键入相关信息（姓名、从业资格号、身份证号、公司）进行查询。

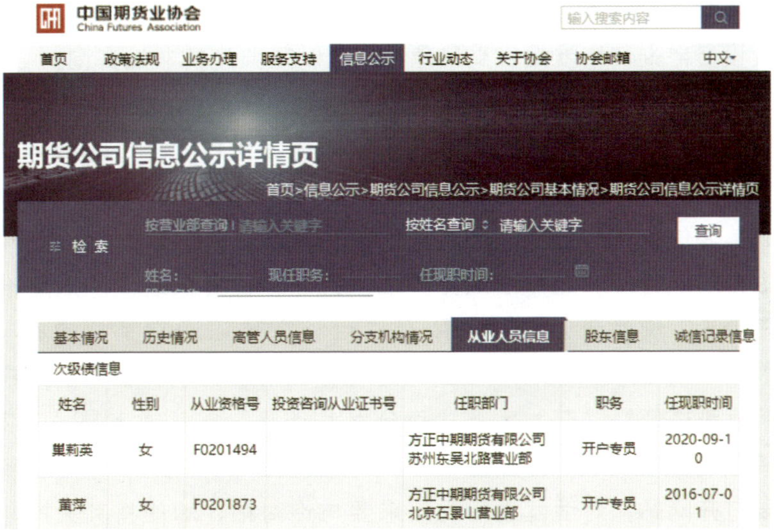

图 12　中国期货业协会网站查询期货从业人员及投资咨询人员

前面介绍过，期货公司的资管业务相当于私募基金，期货公司从事资管业务也是有资格要求的，不具备资管业务资格的期货公司不可以开展类似的业务。点击“信息公示”页面中“期货公司资产管理业务信息”即可查询某期货公司是否具备资管业务资格。

（2）二看营销方式

开展期货业务活动，要遵守期货法律法规有关投资者适当性管理的规定，合法的期货经营机构在进行业务宣传推介时，一般会采取谨慎原则，不会夸大宣传、虚假宣传，同时还会按要求充分揭示业务风险。但是，不法分子大多利用投资者“一夜暴富”或急于扭亏的心理，采用夸张、煽动或吸引眼球的宣传用语，自称“老师”“专家”，以“提供内幕信息”“包赚不赔”“专家一对一贴身指导”等说法吸引投资者。

若在中国期货业协会网站上查询一下，可能就会发现这些“老师”“专家”也许连从业资格都没有，更别说期货投资咨询资格了。如果“老师们”没有期货投资咨询资格就提供交易建议，这就是典型的非法咨询。

不妨打开一个合法期货公司的官网，再打开一个非法期货网站，将两个网站比较一下，就不难感受到两者的差别。前者栏目众多，内容丰富，公司应该披露的相关信息比如财务信息、所有从业人员及高管人员的姓名、证书编号、职务等信息一应俱全，且这些信息都可以与中国期货业协会网站公开的信息进行对照验证。而非法期货网站栏目简单，提供建议的人是谁？在哪里？有多少人？你都无从知晓。所有栏目和宣传语通常都集中在“开户”“交易软件”“手续费”“老师”上，还有什么“一分钟开户”“开户即得奖励”“手续费最低”“获胜率高达百分之九十八”等，或者是“某某老师”在直播间摇唇鼓舌地评点行情，一大堆真假莫辨的“客户”通过字幕在捧场。只要打开网站，对话框立马跳出来要与你对话，即使将其关掉，转眼之间又会跳出来，一副恨不得跳出屏幕把你拽进去的架势！

（3）三看汇款账号

非法期货的目的是为了骗取投资者钱财，获取非法所得。为达此目的，不法分子往往会采取各种推销手段，如打折、优惠、频繁催款、制造紧迫感等方式，促使投资者尽快将资金打入其控制的银行账户。

在期货公司开户，实名制及一户一码制确保银行账户的名字和期货账户的名字都是投资者自己的，资金出入的权限也在投资者手中，再加上中国期货市场监控中心发挥的鹰眼系统作用，投资者的资金是谁也动不了的。

非法期货甚至会要求投资者将资金打入他们的私人账户，为了实现这一目的，会寻找一些借口。比如“资金打入私人账户是为了合理避税”，实际上，期货市场的收益是不征税的，这种理由绝对是“鬼扯”。又比如，为了得到投资者的交易账户密码，他们会借口“帮忙重置密码是密码系统升级位数的需要”，这个理由显然不成立。

综上所述，尽管非法期货的假平台在行骗时会使出种种伎俩来迷惑投资者，但投资者只要掌握“三看（看资质、看营销、看账户）”的本领，识别和防止非法期货就并非难事。

这真是：

直言风险真期货，

歪门邪道假平台。

莫道妖孽难识别，

若知三看不用猜。

4. 怎样开设一个合法的期货账户

做期货首先得开设一个期货账户，也就是通常所说的“开户”。期货账户用来存放你的期货交易资金，也称为“保证金账户”或“资金账户”。

（1）期货账户在哪里开

注意，有些非法平台吹嘘在他们那里一分钟就能开户，也许真能实现，因为只要在网上填一张申请表，将个人信息及身份证传给他们，然后再网签一份他们提供的所谓合同，将资金打入他们的银行账号就可以了。但在期货公司开户，由于一系列法定必办手续，加上审核、交易所交易编码的申请，开通银期转账等都是需要时间的，不可能几分钟完成。一分钟完成，一听就是骗人的。必须明白，期货交易涉及的资金往来通常都不是小数，慎重是必要的，不可能过于草率。

在期货公司开户，第一要务是验证期货公司的合法性，无论是期货公司主动与投资者联系的，还是朋友介绍的，或者通过其他途径得知的，都可以在中国期货业协会网站上进行查询核实，以免上当受骗。

（2）现场开户还是网上开户

现场开户是指投资者在期货公司营业部或具有 IB 业务资格的证券公司营

业部柜台办理开户。请注意，具有 IB 业务资格的证券公司只是协助你开户，期货账户还是开设在期货公司的。网上开户不受地域影响，足不出户就可开户，目前绝大多数的个人投资者都选择这种更为便捷的开户方式。网上开户包括手机开户和电脑开户。

（3）自然人账户和法人账户

目前，国内期货交易账户分为自然人账户和法人账户两种。自然人账户是指以个人（境内年满 18 周岁）名义开立的，用于个人进行期货交易的账户；法人账户是用有独立法人资格的机构或公司名义开立的账户。法人账户开户需要提供的资料多于自然人账户。除此之外，法人账户现在还不能在网上开户，必须现场开户。

（4）实名制和一户一码制

投资者同一主体（自然人或法人）可以在多家期货公司开户，不受限制。但开户人必须以真实、合法的身份办理开户手续，要用身份证等有效证明文件开户。一户一码制是指即使同一主体在多个期货公司开户，但在交易所的交易编码分配上都是唯一的，同一主体，即使有多个期货账户，也只能拥有一个交易编码。

（5）银期转账

在期货公司开设的期货账户，必须开通银期转账业务。投资者需要到有银期转账资格的银行办理一张银行卡（也可以用已有的银行卡）。工、农、中、建、交这些大银行还有一些商业银行都具备银期转账资格（通常称之为期货保证金存管银行）。银期转账为投资者提供了自助式的资金转账服务，实现了资金在本人银行结算账户与期货保证金账户之间定向实时划转，既便利了投资者的资金往来，又保障了反洗钱和资金安全的监管要求。另外，股票账户和期货账户不能通用，但这两个账户上的资金可以通过银行卡划转。

（6）期货账户的交易权限

2010 年中金所推出股指期货之前，交易者只要开设期货账户，所有境内期货市场的期货品种都可以交易，彼此之间没有差别，因此也不存在权限之分。推出股指期货时，中金所借鉴了成熟市场普遍实施的适当性管理，对投资者提出了“三有一无”的要求：一是“有资金”，投资者申请开户前 5 个交易日每日结算后保证金期货账户可用资金余额不低于人民币 50 万元；二是“有知识”，需参加基础知识测试合格；三是“有经验”，具有金融期货仿真交易累计 10 个交易日、20 笔以上的成交记录或具有最近三年内 10 笔以上期货交易经历；“一无”是指“无不良记录”。

期货交易品种不断增加，一些新品种如商品期权、国际化交易等具有一定的特殊性，交易所在推出时也借鉴了中金所的做法，在开户环节对投资者做出要求，因此出现了期货交易账户在交易权限上的差别。

①开设期货账户无资金门槛及其他特殊要求，交易权限为除特殊要求品种之外的所有商品期货。

②开通有特殊要求的品种必须通过中国期货行业协会的“期货交易基础知识测试”，80 分及以上为合格。另一个要求是具有交易经历，比如累计 10 个交易日、20 笔及以上的境内交易所期货或期权仿真交易成交记录，或近三年内 10 笔及以上的境内交易所期货、期权或集中清算的其他衍生品交易成交记录，或近三年内 10 笔及以上认可的境外成交记录。

③开通铁矿石、PTA、20 号胶交易权限的要求是申请开户前 5 个交易日每日结算后保证金期货账户可用资金余额不低于 10 万元人民币，适当性评估风险承受能力等级在 C3 级及以上。

④开通商品期权权限的资金要求同上，风险承受能力在 C4 级及以上。

⑤开通原油期货权限的资金要求为人民币 50 万元，风险承受能力同上。

⑥开通原油期货权限的资金要求为人民币 50 万元或等值外币，风险承受能力同上。

⑦开通中金所金融期货权限的资金要求为 50 万元，风险承受能力同上。

注意：

并非每开一个特殊品种都需要全部重新来一遍，比如，当你已经通过全部要求取得中金所的交易权限，只要满足“近一年内具有累计不少于 50 个交易日境内交易所期货、期权或集中清算的其他衍生品交易成交记录或认可的境外成交记录”，那么只要申请即可获得其他特殊品种的交易权限。当然，如果投资者已经取得商品期权的交易权限，这时要开通中金所的交易权限，还得看投资者的资金是否达到 50 万元。

以上介绍的是自然人客户的情况，对法人账户的要求有所不同。比如，原油期货对资金的要求为人民币 100 万元或等值外币。其他差别可向期货公司开户人员详细咨询。

5. 网上开户流程

2020 年 3 月 4 日，中国期货业协会发布了《期货公司互联网开户规则》修订案和《期货公司互联网开户操作指南》。

《期货公司互联网开户规则》第六条规定，期货公司应当通过中国期货市场监控中心有限责任公司提供的期货互联网开户云平台为客户办理互联网开户。

第三条规定，期货公司为自然人客户办理互联网开户适用本规则。法律、行政法规、中国证监会另有规定的，从其规定。

《期货公司监督管理办法》第六十一条规定：

期货公司不得接受下列单位和个人的委托，为其进行期货交易：

（一）国家机关和事业单位；

（二）中国证监会及其派出机构、期货交易所、期货保证金安全存管监控机构、中国期货业协会工作人员及其配偶；

（三）期货公司工作人员及其配偶；

（四）证券、期货市场禁止进入者；

（五）未能提供开户证明材料的单位和个人；

（六）中国证监会规定的不得从事期货交易的其他单位和个人。

《期货公司互联网开户操作指南》规定的流程为：

一、身份识别

（一）期货公司接受客户申领数字证书前，应要求客户在线提供以下资料：

1. 本人身份证号码、姓名、证件有效期、联系地址等信息；

2. 本人第二代居民身份证的原件正、反面彩色图片；

3. 本人在线拍摄的头部正面照；

4. 经过动态密码验证的移动电话号码；

5. 期货公司认为必要的其他资料。

（二）期货公司对客户进行身份验证：

1. 验证客户身份证图片和本人头部正面照清晰有效；

2. 检查身份证图片和客户拍摄的头像是同一人；

3. 检查客户提供的证件是否在有效期内；

4. 对客户提交的身份证号码和姓名进行验证（如全国公民身份信息查询服务系统能够反馈身份证照片，应检查客户上传的身份证图片和全国公民身份信息查询服务系统反馈的身份证照片一致）；

（三）期货公司安排开户人员对客户进行审核，实时视频审核至少包含以下内容：

1. 应主动向客户出示开户人员姓名和执业资格证号等信息；

2. 通过比对客户提供的身份证图片，确保视频对象是客户本人；

3. 在视频审核过程中，客户本人应出现在视频采集镜头中，所持身份证与上传的身份证图像一致；

4. 客户确认自愿开立期货账户；

5. 客户确认本人提供的开户信息真实有效；

6. 期货公司认为必须审核的其他内容。

二、数字证书

（一）期货公司应确保客户完成身份识别后方可申请数字证书。

（二）期货公司应指导客户在线阅读并同意签署“个人数字证书申请责任书”，并进行证书密码设置。通过数字证书，方能对开户协议等进行电子签名。

（三）期货公司应指导客户在安装有本人数字证书的计算机或手机终端上办理互联网开户手续。

三、风险揭示

（一）期货公司应向客户讲解期货交易风险说明书、客户须知等风险揭示文件。

（二）期货公司对客户进行风险揭示后应当由客户以勾选等形式进行确认。

四、投资者适当性管理

（一）期货公司在互联网开户时应对客户进行适当性调查，调查内容包括但不限于：

1. 客户基本信息：年龄、个人职业、教育程度等；

2. 相关投资经历：证券投资经验、期货投资经验等；

3. 客户资产情况：预计入市资金、资金来源、家庭年总收入、可供投资金额等；

4. 投资风险偏好：年期望回报及可承受损失预期等；

5. 其他信息：愿意接受何种服务、希望以何种形式接受投资者教育等内容。

（二）期货公司应当对申请金融期货交易编码的客户进行适当性审核及综合评估，内容包括但不限于：

1. 客户金融期货仿真交易经历、金融资产状况以及信用状况等；

2. 应要求客户在线参加适当性知识测试，并对答题情况进行回访，要求客户承诺电子试卷为本人独立完成；

3. 查看客户交易经历是否符合适当性要求；

4. 验证客户申请交易编码前一交易日可用资金是否符合适当性要求。

（三）期货公司应要求客户根据投资者适当性管理的相关要求，将交易经历、金融资产状况、信用状况等相关证明材料电子化，并通过互联网传送至期货公司，由期货公司予以审核及保存。

五、合同签署

客户采用互联网方式签署期货交易风险说明书、客户须知、期货经纪合同等法规或监管机构要求签署的文件的，期货公司应当通过数字签名方式进行操作。

所有开户文本签署完成后，投资者会获得期货公司分配的一个专用的资金账户。在将交易资金打入该账户之前，投资者应及时修改账户的初始密码，并防止将密码泄露给他人。

如果投资者不想再从事期货交易了，可以办理期货销户手续。如果只是想休息一段时间，也可以与期货公司联系保留账户成为休眠户。

6. 期货适当性管理与产品风险分级

在期货开户中，投资者的适当性管理占了很大比重。比如，开通商品期权权限的投资者要求其风险承受能力C4级及以上。这就涉及两个问题，一是各类期货产品的风险大小是怎么定义的，二是投资者的风险承受能力大小又是如何测量的。

2016年12月12日，中国证监会发布了《证券期货投资者适当性管理办法》，并于2017年7月1日正式施行。适当性管理的核心是将客户的风险承受能力和相应的金融产品进行合理匹配。其目的并非限制投资者的交易自由，而是强调机构“卖方有责”义务，防范有些机构片面地追求经济利益，向风险承受能力不足的投资者推介高风险产品。

《证券期货投资者适当性管理办法》第十五条规定：

> 经营机构应当了解所销售产品或者所提供服务的信息，根据风险特征和程度，对销售的产品或者提供的服务划分风险等级。

表3是中国期货业协会2018年4月20日发布的新的《期货产品或服务风险等级名录》。

表 3　　期货产品或服务风险等级名录

风险等级	标的
R1	资管产品备案机构风险等级名录 R1 等级的产品及服务
R2	资管产品备案机构风险等级名录 R2 等级的产品及服务
R3	包括但不限于商品期货（除原油期货以外）及相关服务、资管产品备案机构风险等级名录 R3 等级的产品及服务
R4	包括但不限于金融期货、期权、原油期货、承担有限风险敞口的场外衍生产品及相关服务、资管产品备案机构风险等级名录 R4 等级的产品及服务
R5	包括但不限于承担无限风险敞口的场外衍生产品及相关服务、资管产品备案机构风险等级名录 R5 等级的产品及服务

表 3 的 R1 级和 R2 级产品通常是期货公司发行的固收类产品或风险较低的无杠杆的资管产品，不涉及期货。考虑到期货是杠杆交易，风险比较高，所以期货产品的风险等级起点就已经在 R3 了。

《证券期货投资者适当性管理办法》第十八条规定：

> 经营机构应当根据产品或者服务的不同风险等级，对其适合销售产品或者提供服务的投资者类型作出判断，根据投资者的不同分类，对其适合购买的产品或者接受的服务作出判断。

为了对投资者的风险承受能力进行分类判断，期货公司会在期货开户之前，要求投资者填写一大堆表格和问卷，其内容包括财务状况、投资知识、投资经验、投资目标、风险偏好、其他信息。期货公司收到问卷后，按总计分的高低如表 4 分类。

表 4 投资者问卷得分匹配

投资者分类	C1	C2	C3	C4	C5
得分	20 分以下	20 ~ 36 分	37 ~ 53 分	54 ~ 82 分	83 分以上

得分越高表明风险承受能力越强。

中国期货业协会 2017 年 11 月 17 日发布《期货经营机构投资者适当性管理实施指引（试行）》。

《期货经营机构投资者适当性管理实施指引（试行）》第二十四条规定：

普通投资者风险承受能力等级与产品或服务风险等级的匹配，应当按照以下标准确定：

（一）C1 类投资者（含风险承受能力最低类别）可购买或接受 R1 风险等级的产品或服务；

（二）C2 类投资者可购买或接受 R1、R2 风险等级的产品或服务；

（三）C3 类投资者可购买或接受 R1、R2、R3 风险等级的产品或服务；

（四）C4 类投资者可购买或接受 R1、R2、R3、R4 风险等级的产品或服务；

（五）C5 类投资者可购买或接受 R1、R2、R3、R4、R5 风险等级的产品或服务。

风险承受能力最低类别的投资者只可购买或接受 R1 风险等级的产品或服务。

专业投资者可购买或接受所有风险等级的产品或服务。

《期货经营机构投资者适当性管理实施指引（试行）》第二十五条规定：

> 投资者主动要求购买风险等级高于其风险承受能力的产品或者接受相关服务的，经营机构在确认其不属于风险承受能力最低类别投资者后，应当要求投资者签署特别风险警示书，确认其已知悉产品或服务的风险特征、风险高于投资者承受能力的事实及可能引起的后果。

通俗地说，就是经营机构发现产品风险大于投资者承受能力并告知时，投资者非要买，经营机构出于免责的目的，会要求投资者特别确认。显然，适当性管理不是为了限制投资者的交易权利，它解决的是销售机构“不能卖”的问题，不是投资者“不能买”的问题。

小贴士

投资者的“义务”

投资者适当性管理不仅要求经营机构履行管理义务，也要求投资者审慎参与，买者自负，主动配合以下事项：

一是审慎决定参与交易。投资者应当根据投资者适当性制度的要求，全面评估自身的经济实力、产品认知能力、风险控制与承受能力，审慎决定是否参与交易。

二是如实提供相关信息。投资者应当配合证券期货经营机构开展的投资者适当性管理工作，如实提供所需信息，不得采取虚假申报等手段规避投资者适当性制度要求。投资者不配合或提供虚假信息的，经营机构可以拒绝为其提供相应服务。

三是遵守“买者自负”原则。经营机构履行投资者适当性管理义务，并不构成对投资者投资收益的承诺和保证。投资者不得以不符合投资者适当性标准为由拒绝承担交易履约责任和相关投资风险。

四是通过正当途径维护合法权益。投资者维护自身合法权益时应当遵守法律法规的相关规定，不得侵害国家、社会、集体利益和他人合法权益，不得扰乱社会公共秩序、交易场所及相关单位的工作秩序。

吉凶悔吝——期货交易面面观

如果说投资者已经在期货公司开好账户，资金也已到位，准备踏上期货交易之路了。那么恭喜了！从此投资者将进入“一番番春秋冬夏，一场场酸甜苦辣”的人生之路。

在交易生涯中，不仅有酸甜苦辣，还有“吉凶悔吝”常相伴。当投资者在交易中挣大钱时，那真是大“吉”大利，这时可能产生不可一世的感觉，从而变得又贪又“吝”，不知怎么的，市场突然就“凶”相毕露了。因为重仓之贪，投资者的亏损可能会很严重，但是因为“吝”而不舍得割肉，最终可能使投资者陷入困境。这样的教训实在是太刻骨铭心了，会让投资者“悔”恨交加。所以投资者要明白市场是必须敬畏的。当真的发自肺腑悔过并改弦更张时，不知不觉中吉星似乎又来临了。好，不多说了，“敢问路在何方，路在脚下”，出发吧。

1. 革命人永远年轻，期货人不会“无聊”

“晒吃晒穿晒宝贝，聊天聊地聊人生”，已经成为微信时代人们的生活方式。但时间一长，很多人也会产生“无聊”的感觉。要想戒掉“无聊”真不是容易的事。告诉你一个戒“无聊”的最好方法，那就是做期货，因为期货人永远不会有无聊的感觉。

一个期货人一天的作息时间和工作内容有可能是这样的：

案例

早上7：00起床，7：30出门，然后在车上看公司邮件和国内外主要市场简报，包括汇市、股市、期市、产地、天气、贴水及运费等，还要看工厂隔夜生产及库存更新；

8：30到办公室做开盘前准备，和其他交易员交流期货和现货市场，根据现有头寸和工厂情况制定不同头寸的应对策略；

9：00开盘，正式交易，交易期间除非急事基本不接电话，但还要看包括微博资讯在内的各类信息，随时关注股市、汇率和盘面波动并做出相关交易，基本每一笔交易都需要锁定内外盘和汇率；

10：15茶歇，上厕所，和其他交易员交流情况，关注现货开市情况，准备现货基差报盘；

10：30恢复交易直至11：30；

11：30到12：45，回复各方面的电话、邮件，审核批复工厂的各项申请，再审阅最新更新的国内外合并头寸；

12：45至13：30午饭；

13：30恢复交易；

15：00结束交易，和国外刚上班的交易员交流国内外情况，和研究员交流供需状况，和工厂总经理电话会议布置生产、物流和销售等事宜；

17：30汇总国内外期现货头寸，计算当日整个中国区的盈亏，包括纯交易的盈亏，同时审核其他交易员的头寸和盈亏；

18：00下班回家，洗澡吃饭；

21：00至23：30交易夜盘，给国内和国外经纪公司下单，并锁定汇率，而且还要买入国外大豆现货贴水；

23：30至24：30关注并略微交易一部分美盘，同时和还醒着的同行聊行情；

凌晨1点睡觉。

一年200多个交易日，几乎每天如此……

看看这个时间表，从早上7点起床到凌晨1点睡觉，躺在床上的时间只有6个小时，其他的18个小时几乎都在为交易思考，精神高度紧张。

2017年，某期货实战大赛论坛里的一个话题“职业做期货是什么感觉”引发了众多参赛选手的热议，一些参赛选手发表了如下看法：

“经常忍耐，一忍再忍，时间长了，也习惯了。没有好机会不动手的忍耐、持仓的忍耐、利润回撤的忍耐、利润迟迟走不出来的忍耐。”

“性格决定交易，交易改变性格。”

“职业做期货，对人生影响还是很大的，可以学到很多知识，性格变得成熟沉稳，感悟人生道理。通过做期货让自己变得有耐心和细心，如果能掌握好交易系统的运用，还会有可观的收益，可以改善自己和家庭的生活经济水平，提高自己的生活质量，让自己的人生更精彩。”

“绝顶之上，万古长空，孤独，是交易者的权杖。期货投资领域的不确定性太大，即使交易水准很高，也会经历不利的阶段，所以职业做期货带来的心理压力会加大交易存活难度。如履薄冰。前一分钟豪情万丈，下一秒如临深渊。”

“压力很大，大到可能只有经历过的人才能真正明白。因为我们日常生活开支是时时刻刻需要金钱支出的。如果，没有一份稳定的收入。那么，当交易不顺的时候，生活开支的压力及交易不顺的双重压力，就会让人喘不过气。”

“职业做期货，是一条绝美的旅行，走过从不后悔。虽然坎坷无数，但是可以领略无限的风景。”

在期货市场上，交易者所付出的艰辛是巨大的。除了做错行情导致财富缩水苦不堪言外，交易者还得费劲心力研究行情，关注各路信息走势。对期货人而言，时间是永远不够用的，“无聊”是最昂贵的奢侈品。

2. “二八法则”，期货交易的残酷性

“二八定律”也叫帕累托定律。19 世纪末 20 世纪初意大利经济学家维尔弗雷多·帕累托通过观察发现，意大利 20% 的人口拥有 80% 的财产，由此推论出在任何事物中，最重要的、起决定性作用的只占其中一小部分，约 20%，其余的 80% 尽管是多数，却是次要的、非决定性，因此又称“二八法则”。

大量统计发现，“二八定律”同样适用于期货市场。

由于期货市场的专业性、高杠杆等特性，在期货市场中能够胜出的更少，多数投资者都会被市场无情地淘汰。美国曾针对交易所客户多年的期货交易结果做过一个客观翔实的统计，其结果是：100 个做交易的人里面，有 70 个是稳定赔钱的，有 20 个能保本不亏，只有 10 个能实现盈利。

还记得前面讲过“期货实盘大赛”的统计结果吗？半年时间的期货实盘交易，基金组、量化组、重量组及轻量组的获胜率分别为 51.9%、45.53%、43.99% 及 23.59%。有人可能会说，从全体参赛者比例看，平均获胜率 25.44%，看上去有点符合“二八定律”，但如果单看基金组，获胜率超过 50%，不符合“二八定律”啊！怎么解释？

首先要看到，基金组的获胜率远高于其他组，是散户代表的轻量组的一倍都不止，这说明作为专业交易者，具有强大研发后盾的基金组在期货交易中的确有更大的生存优势。其次，之所以出现不符合“二八定律”的现象，与观察时间的长短有一定的关系。不妨假定实盘大赛结束后再来一场，时间还是半年，想想可能会发生什么情况。就算基金组接连两场的平均获胜率都能达到 70%，意味着两场连赛的概率为 49%，如果持续四场，即两年时间，持续获胜的概率就降低到 24%。

在期货市场做投资，一时获得丰厚盈利并不是什么稀奇事，难就难在持续盈利上。

强调期货交易中存在的“二八”现象，目的何在?

一是深刻理解期货交易的艰难性。作为一个初入期货市场的学习者，一开始的定位就是学习。要知道“不经历风雨怎么见彩虹，没有人能随随便便成功”。当你还未经历过期货风雨时，别奢望自己一定会成为“二八定律”中的“二”类人士。如果你看到一些成功人士在期货交易中很容易挣钱，幻想自己一段时间后必然同样如此，那更大的可能是不用多久就会掉入那个“八”字坑。反之，若一开始就认识到期货交易的不易，在实践中“终日乾乾，夕惕若厉”，认真学习，反复磨炼，获得期货市场中持久的生存能力，等于为自己最终晋升到“二”的队伍奠定了基础。

二是深切认识期货市场没有常胜将军。在期货交易中，即使是非常成功的成功人士，也会有失败交易的记录。大名鼎鼎的索罗斯，在期货市场上传奇的胜仗打了不少，但败仗也不少。你可以看见，大多数年份，索罗斯的基金在“二”类排行榜，但偶尔也会掉进“八”字坑中。

胜败乃兵家常事，高明的军事家都知道，可以冒险承担一定的失败，但必须防止全军覆没的结局。同样，在期货交易中，成功者与失败者的最大区别是，前者在一两次交易失败后依然能够在市场中生存，而后者在一两次重大失败后就被市场清除出去了。要知道，期货交易成败的关键就是如何解决积极冒险与风险控制之间的平衡问题。只知冒进而在风险控制上缺位的交易者，即使有过辉煌的成功史，最终仍旧难逃市场的惩罚。

3. 知易行难，心魔难破

风险控制在期货交易中的重要性，怎么强调也不过分！但看了众多类似利弗摩尔的惨痛故事后，大家会不会产生一个疑问，为什么这些优秀的“天才”交易员都会栽倒在大家都知道的常识面前?

要回答这个问题，必须深入人的心理层面，从“人性的弱点”来认识。世界万物皆有特性，不妨先看一个寓言故事。

> 一只蝎子想过河，请乌龟驮它。乌龟说：万一你蜇我，我不就没命了？蝎子说：你驮着我，如果我蜇你，我也会淹死的，我有这么傻吗？乌龟觉得有理，便驮着蝎子过河。结果在河中央，蝎子还是蜇了乌龟。乌龟临死前看着同样沉下去的蝎子问这是为什么？蝎子哭着说：我实在忍不住，谁叫我是蝎子呢，天性如此。

不要嘲笑蝎子，作为万物之灵的人类，尽管具有理性思维的能力，但关键时刻，非理性的弱点仍旧会如火山爆发般喷涌而出，在熔岩的烧烤中，所有的理性、常识都将化为灰烬。“江山易改，本性难移”这句俗话已经概括得清清楚楚。

“止损”“断臂求生”在期货交易中的重要性谁人不知！但这意味着承认自己错了，意味着放弃与绝望，这些都与人性背道而驰，而成功的投资行为大部分是“反人性”的。有些人在行情已破原定止损位时反复狐疑，突然行情反过来了，庆幸自己没有及时止损。而多次侥幸逃脱市场惩罚的经验使得这种侥幸心理得到强化，最终真正的“狼来了”，一次被吃干抹净。有的交易者被市场清零后痛心疾首，也认识到及时止损的必要性，但筹措资金再战时只要经历一段顺风顺水的时间，立马就“好了伤疤忘了疼”，故态复萌后再次被市场清零。天才投机家利弗摩尔四起四落的经历不就是这样的吗。有人曾经当面问过利弗摩尔为什么会这样，利弗摩尔的回答是：我是人，也屈从于人的弱点。

在期货交易中，获得知识并不难，但真正能够做到“知行合一”，谈何容易！两千多年前，老子在《道德经》中就指出：“知人者智，自知者明。胜人者有力，自胜者强。”能够自知和战胜自身各种心理弱点的才是真英雄，也只有这些人才能在凶险异常的期货市场上安身立命。

瑞·达利欧是对冲基金桥水基金公司创始人。达利欧 1949 年出生于纽约长岛一个中产阶级家庭。1975 年，26 岁的他在自己的两居室公寓内创办了桥水。2019 年全球对冲基金第三季度的最新规模排名中，桥水基金以 1 638 亿美元的资产管理规模位居榜首，位居第二的是 AQR 资本管理的 996 亿美元。达利欧入选《时代周刊》世界 100 位最具影响力人物，并跻身《福布斯》世界前 100 名富豪行列。由于他独到的投资准则改变了基金业，美国 CIO 经理人杂志称其为“投资界的史蒂夫·乔布斯”。

达利欧在其所著的《原则》一书中披露过他在 20 世纪 70 年代操作大宗商品期货的情景。当时他已取得了哈佛大学工商管理硕士学历，正是踌躇满志准备大干一场的好时候，也顺利地找到了一份负责期货对冲业务的工作。

他潜心研究大宗商品从生产到出售的过程，了解谷物和豆类在种植面积上的竞争关系，预测不同增重牲畜的存栏量、净肉率及消费者对牲畜不同部位肉质的偏好等，建立自己的决策规则，真正成为这方面的专家，因此在年纪轻轻的时候就赚了不少钱。

但是，一次在猪腩期货交易中看起来“绝对不会赔”的押注，让他遭遇了人生的滑铁卢。接连几日的跌停板让他损失了大笔资金。

“交易就像跟电打交道，你可能被电击。在做这桩猪腩期货交易及其他交易时，我感受到了电击，以及与之相伴的恐惧。

当时我们有一块巨大的大宗商品交易板，每当价格变动时就会发出咔嗒声。于是每天早上开市时，我都会看到并听到市场价格下跌了 200 点——这是每天的下跌上限——然后就在那个价格上保持不动。于就我就知道我已经损失了那么多钱，而进一步的潜在损失尚不确定。那是刻骨铭心的经历……这段经历让我意识到了风险控制的重要性，因为我再也不想经历那种痛苦了。这段经历增强了我对犯错误的恐惧感，让我懂得了必须确保任何一次押注都不能使自己的损失超过可以接受的限度。”

正是对失败交易的复盘和总结，达利欧逐渐建立了自己的交易原则，并反复实践它。“在交易中，你必须既有防御心又有进攻心。如果没有进攻心，你就赚不到钱；而如果没有防御心，你的钱就保不住。”

1987 年的美国黑色星期五，桥水基金因为提前做空而大赚超过 20% 。2008 年的次贷危机，跌幅 30% 的基金产品比比皆是，而桥水基金的产品却是正收益 14% 。骄人的业绩岂是偶然可得?

正所谓“悔招吉，吝招凶”，在期货交易中很多人经历过可怕的痛苦，有些人痛过之后就忘了，同样的错下一次可能还会再犯。而成功者会真诚地悔过，将其作为教训，并且内化为方法、制度。为什么现代基金公司必须设立风控部门，为什么基金预先设定业绩清盘线（基金净值达到某一净值之下就强制清盘）。其目的就是从制度上防范操盘者在不利的情况下不愿认输更愿意孤注一掷的人性弱点。大量的实践证明，个人交易者在关键时刻由于人性的弱点肆意泛滥而不受控制，更容易招致爆仓清零的后果，利弗摩尔的几次破产经历就是最典型的案例。从此也可看出，现代基金的风控和清盘线制度对于保护投资者利益还是发挥了重要作用的。

4. 良药苦口，对期货新手的几点忠告

不管投资者以何种机缘来到期货市场，在踏入期货市场的那一刻起，就要有清醒的认识，期货交易成功率是非常低的，期货之难在哪儿? 难在自我认识的转变，从认识“人性弱点”的巨大危害到逐步感悟和提升自我，成熟的交易者唯有历经磨难和坚持，才有机会进入“认知人性”的感悟阶段。可惜的是期货交易者的平均生存周期不足 2 年，至少有 80% 以上的新手会消失在盲从阶段。

在学习的历程中，如果自己摸索学习的话，大约需要 2 ~ 4 年的时间，有些人可能会更长，如果有前辈带的话，时间可以缩短一些，但半年到 1 年的时间还是少不了的。

（1）新手上路，学习为主

对初入期市的新手而言，千万记住，你只是来学习的，能不能在期市中生存，先混过2年再说。

作为一个新手，由于对期货交易比较生疏，首要的任务是尽快熟悉市场，熟悉品种特性，熟悉交易规则和交易方式，熟悉各种专用术语，熟悉各种技术指标，熟悉各种新闻与期货行情之间的关系等。这些自然需要学习，只有认真学习，才能达到尽快“脱盲”，才能在今后的交易中不会被一些基本问题所困扰，才能少走弯路。

（2）模拟交易可以加快学习进程

在学习时，不妨用模拟交易方式来锻炼一下。模拟交易有一个好处，那就是可以促使投资者进入状态，促使投资者带着问题去思考和学习更多的东西。例如，在某个价位上该买还是卖，或者还是应该等待一下，在做决策之前，投资者必定会思考一些问题，同时查询一些有关历史和现状的资料。比如，供需情况如何？后来的预期如何？不同预期的分歧在哪里？历史上有没有类似情况？如果有，则行情又是如何演化的？从各种技术指标看，处于什么状态？这些指标的确切含义究竟是什么？按这些指标判断，应该是做多还是做空？如果交易，应该下多少单量？下这些单量，保证金占用的比例会达到多少？下单时，交易指令应该如何组织及发送？价位变动到什么程度，这些单量的盈利或亏损会达到多少？出现这种情况后该怎么处理？是获利（割肉）平仓还是加码买卖？所有这些，都会起到提示投资者如何思考、该怎么学习的作用。更重要的是过了一段时间后，投资者可以将实际行情走势与当初的交易想法进行比较，以便发现前面的思考有哪些欠缺或不成熟的地方。

当然，模拟交易并不能完全替代真实交易。有些人会出现这种情况，在模拟交易中成绩非常突出，但一到正式交易时就亏损了。其中一个重要原因是模拟者知道这是假的，模拟交易时，无论盈亏，心态比较稳。而正式交易时，稍有盈亏，一想到这是真金白银，就无法保持以往的心态了。对初学者而言，醒悟到这一点也是巨大的进步，从此他会明白，交易的盈亏不仅与知识有关，某种程度上交易者的心态或心理素质发挥了更重要的作用。

（3）拟入市资金最好分成几份

如果投资者准备 20 万元资金，最好分成几份。如果是四份，那就是每份 5 万元。至少也得分成两份，每份 10 万元。千万别幻想着如果做对了资金越多获利越大，更要想一想如果做亏了资金越大亏损越多。牢记自己是初学者，从学习的角度看，在期货交易中，一次 5 万元的本金，和 50 万元的本金甚至 500 万元本金能学到的东西是差不多的，并不会因为投资者投入 500 万元，学到的东西就比 5 万元更多。

从不利的角度看，当你将 20 万元资金分成四份时，先投入 5 万元，即使你投入的第一小笔资金爆仓，也不会对你和你家庭带来明显的影响，而且能学到同样的知识和经验。即使三次爆仓，投资者还可以有一次机会继续体会和学习，而投资者的交易经验教训的多次积累，对于突破 2 年生存期及提高自己的交易能力都具有极大的助益。当 80% 的新手被淘汰后，还能坚持下来的就是很好的开端，可以避免不少新手“倒在黎明前”的感叹。

（4）不做流动性低的合约

流动性低，意味着成交量小或成交稀少，在这种情况下，买卖挂单的价格一般也会拉开了一段距离。比如，小麦期货在成交活跃时，买卖双方的价位咬得很紧，1 923 元/吨处有人要卖，1 922 元/吨处有人要买。然而在成交稀少时，很可能出现买价为 1 850 元/吨、卖价为 1 900 元/吨的挂单情况。这时候，投资者很难在自己愿意的价格上成交。进出都不容易，意味着交易者必须承受额外的风险，故对新手来说，更不应该去碰。

需要进行实物交割的期货合约，距离交割月越近，保证金就越高，投机者在逐步退出，流动性越来越低。如果不是机构法人，也应该及时退出。

5. “怨天尤人”与“反求诸己”，天壤之别的反思

有人认为，做期货犹如赌大小，期货中的买卖方向与赌大小的买大买小没什么差别，但事实并非如此。

其一，赌大小是纯粹的碰运气，没有规律可循，是没有办法分析的，所谓预测其实是瞎懵；而期货价格的涨跌，虽然掺有人为的投机因素，但归根结底是受供求规律的支配，是可分析的。

其二，赌大小没有过程，开出来就定局，且这种输赢定局是无法改变的；而期价涨跌是有走势过程的，即使最初下单的方向错了，也不能说结局因此而定。比如，投资者买入后行情下跌，不一定亏，损失只是浮动的，有可能反弹甚至反转，最终的输赢还是与投资者的能力有关。

期货交易中有运气因素，但运气不可能一直站在自己的一边。持久的获利能力，只有通过在交易中实践反思、再实践再反思的不断循环才能逐渐获得。其中，正确的反思方法是促使自身提高的关键，可惜的是，很多交易者的反思以情绪化的方式进行，只会起到相反的作用。

错误的反思方式集中表现为亏钱或没赚钱时“怨天尤人”。这实际上是人性弱点中一种常见的心理防御机制。比如，“这次方向赌反了，亏了不少”“这次运气不好，所以亏了一大笔”“这波行情没抓到，当初我是看准了方向，并且已经挂出了单子，很可惜，因为价位差了一点没成交”“这么大的行情，当初的成交单要是放到现在平仓就发财了，可惜听了小吴的话，平仓太早了，只是赚了几个小虾米”。类似的总结和反思实则是在寻找失败后的安抚剂。不深挖导致失败的自身原因，等于是失去了一次又一次完善自己、提升自己的好机会。失败次数再多，也不可能形成正确的交易理念，反而导致自己的获利能力越来越低。

大家都知道“失败乃成功之母”，但要将失败转化为经验与财富，就需要科学认真地总结。期货交易中，行情是客观的，但为什么不仅没挣钱反而

亏损巨大呢，其中肯定有自身的原因，说明自己在交易理念上出现了较大的偏差。只有在总结中将其上升至交易理念这个高度，才有可能将过去的失败转化为经验，转化为今后的财富。

正确的反思方式是“反求诸己”。比如，“这次运气不好，所以亏了一大笔”，如果投资者能正确反省，应该想到：盈亏本正常，但这次亏太多是因为开始就没考虑设置止损。又如，“这波行情没抓到，当初我是看准了方向，并且已经挂出了单子，很可惜，因为价位差了一点没成交”，如果是正确反省，应该想到：我违反了“重势不重价”原则，计较个别价位导致错失行情。再如，“这么大的行情，当初的成交单要是放到现在平仓就发财了，可惜听了小吴的话，平仓太早了，只是赚了几个小虾米”，如果能正确反省，应该想到：那是我自己没主见，沉不住气，小吴的话只是一个触机，说明我还不成熟，还得修炼提高。

怨天尤人的更极端表现是亏损之后将原因归结为市场走势不合理。换言之，不是自己的判断错了，而是市场走势错了。比如，市场上出现一个利空消息，投资者做了空，但价格反而涨了，导致投资者愤愤不平，于是指责市场不正常。

如果投资者坚持己见认定市场走势不合理，并且死死抱有原来的头寸不放，最后吃了大亏，能怪谁呢？这只能说明市场是强大的，与市场作对的交易者是不会有好结局的。固执甚至是偏执的人喜欢认死理，而认死理恰恰是期货交易中的大忌。

价格涨跌归根结底是买卖双方力量的较量，为什么一个利空消息出现的情况下还会上涨？这也不难理解。

其一，期价是受多种因素影响的，具体到某一个交易者，他不一定能够正确评估该利空消息在众多信息中的力度。

其二，一个新消息出来，尽管有着明显的利多或利空性质，但是它能够发挥多大作用还得结合价格的历史情况来看，比如，利空消息出来之前，如果价格已经下跌过了，那消息出台后价格不跌反涨不是很正常吗。所谓“利空出尽是利多”就是这种情形的写照。

其三，市场是由各种各样的交易者组成的，你或许能够知道自己和周边人的想法，但无法了解所有交易者的想法，而自己和周边人的想法不一定符合市场主流的想法。

在期货市场，做识时务的俊杰是明智之举，而执着于正常、不正常，有理由、没理由的成见，都是不合时宜的“迂夫子”。

记住：市场总是对的，交易者必须学会尊重市场，努力适应市场。“反求诸己”是提升自身能力的最佳方式。

6. 长线、中线、短线、超短线，孰优孰劣

短线交易和长线交易是两种风格不同的交易方式。所谓的“短”和“长”是指持仓时间，但长短的时间标准却是相对模糊的。在股市中，持有股票可以几年不动，但在期货市场中几乎是不可能的，因为合约挂牌交易时间通常都不会超过一年，所以在期市中持仓几个月就已经算是很长了。一般，可将持仓时间只有数日的称为短线交易，一周以上的持仓就可称为中线，超过一个月或许就可算长线了。在短线交易中，有些交易的持仓时间极短，持仓不以“日”计算，而是以“小时”甚至“分钟”计算，这类交易可称为“日内交易”或“超短线交易”。超短线交易者在日内反复多次开仓平仓，从资金利用率角度看，无疑是最高的。

在期货市场普及电子化交易之前，期货交易所都采用场内交易方式。在交易所场内代表客户买卖期货合约的交易员被称为“红马甲”，“红马甲”们聚集在一起，用语言手势互相叫价。在乱哄哄的人群中，一些“红马甲”眼明手快，从一些人中买进（卖出）合约后立马卖出（买进），这种交易方式被形象地称为“抢帽子”。因为“抢帽子”必须在第一时间看见报价并可以立即成交，所以在场内交易时代，只有场内交易员即“红马甲”们具备这个条件。但是，在电子化交易已经普及的现代期货市场，原有的场内交易已经被

电子化交易所取代。当所有交易者的交易终端都与交易所的交易主机直连时，意味着每一个交易者都是当初的“红马甲”了。于是，“旧时王谢堂前燕，飞入寻常百姓家”，所有的交易者都具备“抢帽子”交易条件了。

长线、中线、短线、超短线交易，目的都是赚钱。但怎样挣钱，依赖什么条件及什么方法赚钱，交易者自身需要具备哪些素质？彼此之间的差异是非常大的。

对长线交易者而言，目的是希望发现并抓住长期趋势，在大行情中赚大钱。因此，他们对价格的短期波动不太敏感，更关注对价格有长期影响的因素。当他们认为暂时不会有大行情时可以很长时间不交易，但一旦认为机会来了，可以长时间持仓。

长线交易者是寂寞的，没有定力的人做不了长线。试想一下，天天看盘，但一年只做可数的几十笔单子。大多数时间看着价格上上下下，账户上时而浮盈时而浮亏，有可能几个月坚持下来有利的趋势行情没出现却遭遇到震荡行情，到最后只有一点点盈利甚至是亏损，这需要多大的勇气！面对起起伏伏的行情，妄念不断是人的本能，总想做点什么是人的本性，现在却要坚持不闻不问，是不是有点违背人性。长线交易者像苦行僧一般，没有每日交易带来的激情和兴奋感，没有忍者神龟般的毅力是很难坚持下去的。而正是这种清苦让很多原来准备长线交易的交易者失去初衷，半途改道。面对前面的震荡行情，他们会自作聪明地反思，假如高抛低吸，则既有交易之趣，又可赚钱。然而一旦趋势行情出现，他们就会发现手中的单子早就没有了。

长线交易者是辛苦的。别以为长线交易者交易量少就会很空闲，对他们而言，研究行情和交易策略得花费大量的时间。空仓时得考虑近阶段是否存在大行情的机会，如果存在应该怎么建仓，是以小单量试探式分批建仓还是大单建仓？持仓时得观察行情走势的特点，一旦出现趋势性行情，就得考虑如何加仓，同时要观察趋势是否结束及相应的平仓时机。所有这些都建立在对各种相关数据及信息的分析研究的基础上，相关数据及信息涉及范围很广，诸如基本面分析中交易品种的供需状况、宏观经济背景及其变化、金融市场的情况等，还有技术面分析的各方面情况。可以说，不下一番功夫，没有一定的积累，是很难坚持的。

长线交易者的回报是丰厚的。一次成功的长线交易可以获得令人羡慕的利润，以往数次的小亏损在这么丰厚的利润面前根本算不上什么。只要看看利弗摩尔经历中成功的一面就可知道，他的每一次财富飞跃实际上都来自长线交易。可以说，长线交易的丰厚利润是对投资者忍者神龟般的毅力的回报。

与长线交易相反的是短线交易，其中超短线交易是长线交易的另一个极端。短线交易关注的是盘中的波动机会，通过频繁的买进卖出以求赚取差价。不仅赚钱后要随即平仓，发生亏损也要毫不犹豫地割肉。不留隔夜仓是他们的基本方针。

几乎所有的交易者都是从快进快出的短线方式开始自己的期货交易生涯的，为什么会如此？原因之一是人性使然。初入市的交易者尽管也学习了一些期货知识，但真的面临交易立马会发现，长线交易需要涉及各种信息处理，对他们而言实在太难。短线交易不用关心价格的长期趋势，不用进行基本面分析，连消息都可以不听，很爽很简单！原因之二，初入市者犹如初生牛犊充满激情与希望，你让他像忍者神龟一样对着盘面看三天，岂不残忍！忍不住要小试一笔，几分钟后平仓，赢了，即使只有几十元，感觉也是良好的，回味无穷，于是再做一个来回；输了，只亏几十元钱，无所谓，再来一次。就这样，开始步入短线人生。

短线交易能挣钱吗？不排除也有成功者。但这绝对是一条充满荆棘的崎岖山路。看似容易的短线交易对交易者的要求实则非常高，超短线交易者必须有良好的“盘感”，而良好的“盘感”不是一朝一夕所能形成的，它需要付出巨额甚至惨痛的代价！进出场容不得半点犹豫，胜负往往取决于一个点，正常人用脑子来决定行动，而超短线交易者是用第一反应或者本能反应来交易，快速的止损和获利平仓的敏感度会超出普通投资者的想象。有一位成功的超短线交易者在介绍经验时说“短线是体力活”，还说“如果当天和家人吵架，第二天肯定会亏钱，后来我只要遇到吵架，就不做交易”。不难明白超短线交易岂是随随便便就能成功的?

随着交易时间的延长，绝大多数的超短线交易者会发现自己账户的钱变得越来越少了，成功的超短线交易如同在游戏中赚钱，而那些形似而神不同的超短线交易如同在花钱做游戏。最终，钱花完了，游戏也结束了。

有人曾统计：盈利的客户中，85.2%的盈利来自5单以内的盈利，扣除掉这5单，这部分客户的大多数都是亏损。这5单的特点是：持有日期基本上都在2个月左右，基本上都是单边市场。

每日平均交易10次以上的客户，3年平均收益率是 -79.2%。每日平均交易5次以上的客户，3年平均收益率是 -55%，每日交易1次以上的客户，3年平均收益率是 -31.5%，每日平均交易0.3次以上的客户，3年平均收益率是12%；每日平均交易0.1次的客户，3年平均收益率是59%。

是不是可以得出如下结论：交易频率越高，亏损概率越大；频繁交易，等同于“作死”，能够逃出生天者寥若晨星。

7. 建仓技术有门道，顺势而为是灵魂

打过牌的人都知道，抓到一手好牌，但如果乱打一气，出牌次序不对，照样会输。同样，在期货交易中，建仓就是出牌，如果建仓策略不合理，即使做对了行情，也是会出问题的，所以建仓也要讲策略。

期货交易者常用的建仓方法有以下几种：

(1) 金字塔式买入卖出策略

金字塔式买入（卖出）策略，是指交易者在买进（卖出）盈利的情况下

继续加买（卖），但每次加买（卖）的数量低于上次。

例如，某交易者买入 5 张（10 吨/张）大豆合约，成交价格为3 000元/吨。此后价格上升到 3 050 元/吨，首次买入的 5 张合约已经有浮动盈利 10 × 5 ×（3 050 – 3 000）= 2 500（元）了。交易者认为价格将进一步上涨，按照如下的方式分批次连续买进期货合约：

价格（元/吨）	持仓数（张）	平均价（元/吨）	价格 – 均价（元/吨）
3 200	1	3 066. 7	132. 3
3 150	1　1	3 057. 1	92. 9
3 100	1　1　1	3 041. 7	58. 3
3 050	1　1　1　1	3 022. 2	27. 8
3 000	1　1　1　1　1	3 000	0

因为其形似金字塔，所以称为金字塔建仓策略。采取金字塔式买入合约，持仓的平均价虽然有所上升，但升幅远小于合约市场价格的升幅，市场价格回落时，持仓不至于受到严重威胁，投机者有充足的时间卖出合约并取得相当的利润。例如，如果市场价格上升到 3 200 元/吨后开始回落，跌到 3 150 元/吨，该价格仍然高于平均价 3 066. 7 元/吨，立即卖出 15 张合约仍可获利（3 150 – 3 066. 7）× 15 × 10 = 12 495（元）。

如果建仓后，市况变动有利，但交易者增加仓位却按照每次大于前次的合约张数进行，那么，这种策略便称为倒金字塔式策略。在倒金字塔式策略情况下，买入或卖出合约的平均价和最近的成交价相差无几，只要价格稍有下跌或上升，便会吞食所有利润，甚至亏本。例如，同样是上面的价格，交易者在价格为 3 000 元/吨时买进 1 张合约，价格上涨至 3 050 元/吨时加买 2 张……价格上涨至 3 200 元/吨时加买 5 张，这时的持仓平均价变成 3 140 元/吨。同样，价格回落至 3 150 元/吨，与平均价的价差就只有 10 元/吨了。

有的投资者最初的建仓不过六七张合约，随着行情上涨一路加仓至上百张合约，其建仓策略就是典型的倒金字塔式策略，且持仓增加几乎是按照几何级数增加，平均持仓成本随着大幅度的加仓而快速推高，所以期货价格稍有回落，利润就被飞速抹去。

（2）菱形建仓交易策略

菱形建仓交易策略实际上是金字塔式建仓策略的变形。该建仓策略指最初建仓时买卖少量合约，如果市况有利，分次买入或卖出同种合约，每次买入或卖出的合约份数均大于前次买卖的数量。在所持有的持仓达到一定数量后，再继续增加，买卖时逐步递减。可见，该建仓策略的前半部分形如一个倒金字塔，而后半部分形如一个金字塔。两部分相接后整体就是一个菱形。

读者可能会产生疑问，上面不是说倒金字塔式建仓策略有缺陷吗？是的，倒金字塔式建仓策略的缺陷是建仓过程中如果遭遇价格反方向调整，利润回吐会非常快。但换一个角度看并非一无是处，其优点是一开始是小单量，属于试探性质，即使错了，损失也不大。比如，按金字塔式建仓策略前三步 5、4、3 张合约建仓，合计 12 张合约，而按倒金字塔式建仓策略前三步 1、2、3 张合约建仓，合计只有 6 张合约。在期货交易中，当局势不明朗时，以小单量开始试探是明智的。毕竟未来阶段会不会出现趋势行情无法预料。同时这种策略也意味着一开始只动用极少一部分资金，小单量试探后即使有错，及时纠正不会造成伤筋动骨的后果，这与倒金字塔式建仓策略有着本质的差别。

菱形建仓策略背后的交易理念是：局势不明，小单量试探，随着走势逐步明朗而加大持仓，一旦价格上升至金字塔的上方，由于已经有一部分底仓，一方面可以坐收趋势行情带来的利润，另一方面由于增仓幅度逐步降低，安全性也会越来越大。

（3）平均买低和平均卖高策略

如果初始建仓后市场行情与预料的相反，有的交易者会采用平均买低或平均卖高的策略。所谓平均买低是指在买入合约后，如果价格下降则进一步买入合约，以求降低平均买入价，一旦价格反弹至平均价格之上，就可实现减少亏损甚至反亏为盈。而平均卖高是指在卖出合约后，如果价格上升则进一步卖出合约，以提高平均卖出价格，一旦价格回落至平均价格之下，就可实现减亏或反亏为盈。

案例

某交易者买入1张铜期货合约，成交价格为26 000元/吨。此后价格下降到25 000元/吨。为了补救，该投机者再买入1张合约，成交后2张合约的平均买入价为25 500元/吨，低于第一次入市的成交价。此后铜价反弹到25 600元/吨，他随即将这2张合约卖出平仓，在不计手续费的情况下，他反而获利了100元/吨，共计1 000元（1张合约5吨）。如果当初没有买入第二张合约，即使铜价反弹到25 600元/吨，该交易者仍然亏钱。

投机者在采取平均买低或平均卖高的策略时，必须以对市场大势的看法不变为前提。在预计价格将上升时，价格可以下跌，但必须是短期的，最终仍会上升。在预测价格即将下跌时，价格可以上升，但必须是短期的，最终仍要下跌。否则这种做法只会增加损失。比如，上面那位投资者在25 000元/吨加买1张合约后期价继续下跌，这位投资者的损失就更大了。因此，平均买低和平均卖高策略只适用于震荡盘整市。

研究策略

8. 为伊消得人憔悴，折磨人的止损和止盈

对失败者的分析可以得出如下结论。

（1）不要满仓

不满仓的目的是避免冒过大的风险，这实际上是期货交易资金管理中的一项内容。值得注意的是，是否满仓不能机械地理解。比如，某交易者账户上5万元资金，开仓用了4.8万元，看起来几乎是满仓了。但背后的情况可能是该交易者准备了20万元资金，为了自我控制，将15万元放在了备用账户上，因此该交易者实际上只动用了25%的资金，这不能看作是满仓。

（2）交易成败的质量远比胜率重要

80%的胜率很漂亮，但如果每次只赚小钱，几次大亏后的结果仍旧是亏损。反之，20%的胜率看上去很糟糕，但如果每次亏的都是小钱，抓到了一两次大趋势行情，最终还是赢家。当然，如果能同时提高胜率就更好了。

如何争取成为赚大钱亏小钱的交易者，必须在盈利时有足够的耐心，亏损时勇于止损。同样，盈利时依赖止盈技术。

止损极其重要，应该说交易者都明白这一道理，在理性分析时大家都会认同和接受，但在实践中还是会出现很多问题。比如，一些交易者说：止损我知道，但是止着止着就把钱都止没了。还有的说：回头总结一下自己的交易经历，发现止损就是最好的减肥药，如果前面不止损，反而还能挣点钱，都是止损惹出来的祸！问题出在哪里？

必须知道，止损是期货交易中非常重要的理念。止损理念是指投资者必须从战略高度认识止损在期货交易中的重要意义，因为在高风险的期货市场中，首先是要生存下去，才谈得上进一步的发展，止损的关键作用就在于能让你更好地生存下来。

期货交易中无数交易者的实践证明，及时止损是成功者的必备素质，可以这么说，不具备这一素质最终一定是失败者。但必须注意的是：及时止损只是成功者必备的素质之一，而非全部。它是成功者的必要条件而非充分条件。但是，由于这一素质经常被大家反复提及，因此很容易被误解为成功交易的唯一素质，以为只要具备勇于止损的习惯就拿到了成功的入门券。这种误解类似于：汽车具有刹车装备、安全气囊、座椅安全带等，于是酒驾、乐于抢道等都无所谓。

必须明白，及时止损只是全部交易理念中的一个部分，如果投资者在交易的其他环节上出了问题或整体交易理念就是错误的，认为只凭止损这一环节就可以包打天下，那么最终难以得到好结果是自然的。

止损和止盈的应用场合都是指手中已有持仓头寸时如何保护自己，前者是防止遭受过大的损失，后者是在保住一部分已得利润的前提下保留获得更多利润的机会。如果投资者手中没有持仓，自然不会产生止损或止盈的需求。这时更要考虑的是要不要建仓，何时建仓及建多少仓的问题。建仓和平仓同样重要是不言而喻的。投资者在建仓时期打算采用什么样的交易策略？长线博趋势，中线做震荡，短线炒作还是套利，相应的出场方式自然是有差别的。比如，对长线博趋势的交易策略而言，因为趋势行情难得有，一旦出现则持续时间较长，所以无论在建仓还是持仓阶段都需要有足够的耐心，这种耐心体现在建仓阶段很可能是几个月一直空仓，或者仅以极小的持仓试探。从资金管理角度看，如果是小单量的试探性持仓，设置较大的止损幅度也无可厚非。但一些交易者心中想着长线交易，却把持不住自己天天交易。明明是短线交易，却采用长线交易的止损方法，频繁交易之后自然便是频繁止损。这哪里是赔小钱赚大钱，实在是天天在为“积小败为大败”而奋斗！且失败后，不反思自己的整体交易观出了问题，反将责任推到“止损”头上。

图 13 是焦炭主力合约 2012 年 9 月至 2015 年 9 月的周 K 线图，图中圈起部分最后日期为 2014 年 1 月 10 日，有一个交易者止损平仓时间基本是在最后一根 K 线。

图 13　焦炭主力合约周 K 线图（2012 年 9 月至 2015 年 9 月）

首先，大致可以看出，圈起部分接连 5 根周 K 线为阴，跌势明显，该交易者在其间逆势做多而被套。

其次，该交易者是一位短线交易的热衷者，逆势做多是认为行情跌得差不多，可以抢一波反弹。

最后，可以看出止损之后行情持续下跌了近两年。所以回头一看，该交易者尽管当初止损很痛，但还是值得庆幸的，如果一直死扛，最后的结局肯定是爆仓。

9. 止损不预设，等于废前程；到时再止损，等着被退市

凡事预则立，不预则废。尽管交易者都知道止损的重要性，但大多数交易者还是在交易之前没有制订明确的止损计划，更不会考虑具体的止损位。在他们的脑海中，止损是交易持仓之后看情况再说的东西，不用提前考虑。

这实际上已经决定了交易者将止损束之高阁，只是在理论上重视而已。在日后的交易中，即使实施了止损，也是临时起意和随心所欲的。这种止损只是徒具形式的止损，而非真正意义上的止损。

提前考虑如何设置具体的止损位，可以促使交易者认真对待交易，思考后投资者可能发觉某笔交易可能只是心血来潮临时起意的结果，并不值得交易，或许发现这笔交易属于风险很大的逆势操作从而被取消。

具体的止损位设置的确是因人而定的，但必须有所依据。通常思路有：根据你愿意承受风险的大小来确定；按照对市场的判断而定；结合各因素综合考虑确定。

（1）风险承受能力确定法

比如，沪深 300 股指期货一个点的涨跌盈亏为 300 元，交易者账户有 100 万元资金，交易者遵循每次交易损失不能超过 5% 的原则，即上限为 5 万元。如果做 1 手，止损幅度为 166 点，如果做 2 手，止损幅度为 83 点，如果做 5 手，止损幅度为 33 点。

（2）大势判断确定法

按大势判断确定止损价位是着眼于市场趋势的变化，而判断的依据通常来自技术分析方法。

①关键的技术位。比如，将止损价位设在重要的阻力位或支撑位上，一旦这些价位得到有效突破，就实施止损。

常用的指标有：

重要的均线被突破；

趋势线被突破；

头肩顶（底）、双顶（底）或圆弧顶（底）等头（底）部形态的颈线位被突破；

上升通道的下轨或下降通道的上轨被突破。

②时间止损法。价格涨跌到某个事前设定的价格进行止损的情形称为空间止损。空间止损方式的好处在于，可以通过牺牲时间而等待意愿中的行情，缺点在于经过了漫长的等待后不得已时还要止损，既耽误了时间又损失了金钱。为此，有的交易者喜欢采用时间止损法。时间止损是根据交易周期而设计的止损技术。例如，期货价格进入三角形整理区间的尾端，结合形态及周期分析预计 5 天之内应该突破，但结果是价格徘徊超过 5 天未出现有效突破，于是第二天就坚决平仓。

（3）综合因素确定法

上述各种止损价位的确定法，对某一具体的投资者而言也许都存在一定的不满意之处，但是投资者可以通过考虑其他方法进行综合调整。比如，依据关键价位止损可能幅度过大或过小，这时投资者或许可以采用调整交易手数的方法来满足要求。又如，同时设置时间周期止损和关键点止损，只要其中一个止损条件满足就立即实施止损。

值得注意的是，不能排除经验法则的作用，不同的期货品种，其运行特点是有差别的。比如，有些品种频繁震荡且幅度较宽，有些则相反，行情如温水，但一旦出现趋势行情又会异常变化。一些长期在某一品种上投入的老交易员，对该品种的价格走势特点可能非常熟悉，凭借长期积累的经验而设置的止损价位就可能取得良好效果。

①止损操作。止损操作是止损计划的实施。当价格到达预先设置的止损价位时能否严格执行止损，这是对人性的考验。优柔寡断、心存侥幸、等等再看，这些心魔都会跑出来阻拦投资者执行止损计划。如果当初没有明确设置具体的止损价位，很容易替自己寻找拒绝止损的借口。犹豫拖延从而不能将止损计划化为实实在在的止损操作的，最终还是会重蹈“不怕错、只怕拖”的覆辙。

程式化交易（或称系统交易）是执行止损纪律最有效的交易方式。在程式化交易中，什么时候买卖以及买卖多少都由计算机按照一定的程式或算法进行。最大的好处是完全做到严格执行既定的交易策略和方案，能够彻底摆脱投资者在交易过程中极易产生的各种情绪变化，弥补人性的缺陷。

②止盈操作。止盈操作是指手中的持仓已经获利后如何应对大幅回吐利润的交易方法。

例如，当投资者在2000点买入股指期货后，可能按照形态分析中的关键点将原始止损位设立在1960点。若买入之后期价上扬，假定上涨至2050点，投资者可以将平仓价格设在2000点，由于2000点实际上是当初的建仓价，正好是投资者的盈亏平衡点位置，这可称为平衡点止损位。这时如果考虑加仓，要注意加仓数量将导致持仓均价的变动。如果加仓数量与初始建仓数量相等，则均价为2025点，若将止损价位设在2025点，仍旧是平衡点止损位。

平衡点止损系统建好以后，若价格继续上升，可即时调整止盈价位。比如当期价上升至2100点，可将止盈位调整为2050点，价格升至2150点，止盈位也可调升至2100点。之所以如此应对，一是不去猜测何处是顶，如果未来是一波牛市，投资者可以充分享受趋势行情带来的利润；二是止盈点起到保护大部分盈利的作用。

止盈幅度如何设置？其原理与止损位设置基本相同，但有一点需要注意，在已经盈利的情况下，容忍度可以比建仓时的止损幅度大些。比如，期货价格已经上涨至2500点，可将止盈幅度由原先的50点扩大为100点。因为在趋势行情中也会有一波三折，加大止盈幅度的好处是不容易被随后的震荡行情震出去。当然，如果价格已经上涨到让投资者的“小心脏”吃不消了，就可以采取平掉部分持仓的方法，让一部分利润落袋为安，留一部分继续潇洒走下去。

10. 成功者的重要素质——长期专注能力

期货交易的品种有很多，交易策略也有很多。但不知大家注意到没有，成功的交易者几乎没有多面手的。从交易对象上看，期货市场中不乏十几年仅做单一品种的交易者，有的长期只做棉花，有的只做金属或能源品种，还有因多年投资于天然胶期货被称为天胶王的。有些交易者的持仓中包含很多品种，但仔细一看，原来是多品种组合投资。从交易策略看，有的专注于长线，有的只做短线；既有只相信基本面分析的，也有仅依赖技术分析的，一些技术分析的高手因此发展出以技术分析为主体的自动化交易系统。一些交易者只关心套利交易行情，而现货商中很多则仅关注套期保值交易，轻易不开单边仓。比如按照自身避险的需要只开多单，不做空单，或者相反。期权交易兴起后，一些交易者可以多年如一日，心无旁骛，只做期权，以期权交易为乐。

上述交易者的共同特点就是“长期专注”。

尽管不能说具有长期专注素质的交易者一定会成功，但绝大多数的成功者都具备这一素质，这是无疑的，而且具备这一素质的交易者通常在期货市场的生存时间远远超过那些见异思迁的多面手交易者。其原因也不难理解，长期专注者的精力和时间聚焦一处，对聚焦品种及交易策略具有更高的理解能力和执行能力，获胜的概率也因此得到提高。

在期货交易中，能够做到“长期专注”是非常不容易的。您有拒绝诱惑的定力吗？在众多的市场品种及交易策略中，当投资者长期关注的品种和交易策略顺风顺水时，坚守或许并不难，难就难在所坚守的品种和交易策略遇到低迷期或不顺利的时候，而这个时候其他品种或其他交易策略又适逢其时。在这种“沉舟侧畔千帆过”的境况中，当周边好友劝导投资者不要“一根筋”时，能够不为所动才是真本事。下面，不妨看看巴菲特的一个例子。

案例

1999 年对于巴菲特来说，是很特别的一年，因为一直拒绝投资互联网概念股，坚持投资可口可乐这些蓝筹股的巴菲特那年的业绩表现很差。

差到什么程度？

1999 年，纳斯达克 100 指数涨幅 101.95%，巴菲特的净资产仅增长了 0.5%，巴菲特掌管的伯克希尔的股价逆市下跌 19.9%。以至于《时代》周刊的封面标题都是“沃伦，究竟哪里做错了？”

巴菲特在 1999 年的致股东信中不得不说：“我唯一的功课是资本配置，而 1999 年我这门功课的成绩是 D。”当年巴菲特还破例做了一个公开演讲，里面特别提到“虽然创新可能让世界摆脱贫困，但是历史上创新的投资者后期都没有以高兴收场”“根本就不存在新模式，股票市场的最终价格只反映经济的产出”。当然，做演讲时，巴菲特依然被嘲笑。

一年后，纳斯达克见顶，互联网泡沫破灭。时间证明，巴菲特当年坚守自己的投资原则，不参与互联网泡沫是对的。

2000 年，纳斯达克指数下跌 36.84%，巴菲特掌管的伯克希尔哈撒韦的股价逆势上涨 26.56%。2001 年，纳斯达克指数下跌 8.98%，伯克希尔哈撒韦却上涨 6.48%。

1999 年年底时，纳斯达克 100 指数的点位是 3707.83 点，2019 年收盘价为 8733.07 点，20 年涨幅为 135.53%。1999 年年底时，伯克希尔的股价是 56 100 美元，2019 年收盘价为 339 590 美元，20 年涨幅为 505.33%。

11. 按计划行事，盈亏自如

进行期货买卖，克服交易的随意性和盲目性很重要。如果在交易之前能够制订一份详细的交易计划是很有好处的。

在期货交易者中，绝大多数在入市前都没有交易计划。有的凭经验临时决断，有的凭直觉入市，还有的依据传闻入市，甚至有人连自己都不知道为何入市，只是跟着周围的人一起入了市。

应该说，制订交易计划者不一定盈利，没有交易计划的交易者也不一定亏钱。比如，一些短线或超短线交易者，凭借着丰富的看盘经验和交易经验，在市场中赚取了不少钱，要他们事先制订详细的交易计划是不现实的。

制订交易计划的好处是：迫使自己在入市之前对行情的过去、现在进行完整的了解，并评估未来的可能性，确定是否值得入市，入市应该是什么方向，从而避免盲目入市；迫使交易者考虑入市的头寸大小及占用资金比例问题，从而避免承受过大的风险；迫使交易者考虑未来行情的各种可能性及应对措施，从而避免在日后应对失措。应该说，这些好处，对于交易者提高理性投资意识，提高交易水平都起到了促进作用。因而，对于期货市场的新手，更应该提倡。

完整的交易计划应该有：

（1）市况研判

市况研判不仅需要对历史情况有清晰的理解，还需要对目前影响市况的各种因素进行系统客观的评估。系统性要求不能忽略重大因素，而客观性则要求分析时不带主观倾向。比如，分析利多因素时不忽略利空消息的潜在作用，列出看跌信号时也要考虑到那些支持上涨的理由。

（2）确定是否值得入市，以什么策略入市

如果对后市的判断不明，或认为入市后获利的机会不大，则很可能得出“暂不入市，静观其变”的结论。如果认为后市有机会甚至有较大的机会，则应考虑入市。比如，认为后市可能在一定区域内震荡，则考虑小单量做做短差交易；认为后市有较大的单边市，则采取单边入市策略。

(3) 入市头寸的数量与资金管理

确定入市数量的多少与投资者的资金数量及冒险风格有关，专家们给出的建议通常是不能超过资金量的1/3。建仓步骤可以是一次建仓，也可以是分步建仓。在分步建仓的情况下，还可以制订在什么情况下进行第二次、第三次建仓的计划。

(4) 平仓计划

建仓以后，行情的走势可能出现哪些情况，在对应的各种情况下，应该怎么进行平仓？如果出现不利局面时，如何止损，止损点设在何处？出现有利局面时，怎么平仓，怎么设置止盈点。所有这些都应列入计划。

(5) 评估计划的合理性

评估某计划获胜的可能性有多大，可针对各种可能出现的情况及应对措施计算出正常情况下的利润有多少，最理想的情况下可以赚多少，最严重情况下会亏多少。只有当预期利润大大超过预期亏损时，计划才是值得执行的。

交易计划，贵在坚持。

交易计划制订之后，应该贯彻执行。除非在执行之前，市场已有重大的突发性因素出现，否则不应轻易改变计划。

制订一个合理的计划不容易，坚持执行也不容易。有的交易者，纸上谈兵很成功，带着一份事后看起来也非常好的计划书上阵，但一见盘中出现涨跌（尽管这种涨跌在计划书中已经预计到了），就方寸大乱，随即陷入盘面之中追涨杀跌，不仅改变初衷，把以往的计划全部置于脑后，交易策略也因此变为“脚踩西瓜皮，滑到哪里算哪里”。止损忘了，止盈点也没有了。回头一看，还是亏多盈少，心态大坏。还有的交易者，一开始计划做短线交易，但在交易中，又不遵守短线交易的纪律，一有盈利就平仓，而将亏损单继续留下，时间一长，短线便成了长线，却又犯了长线交易中的大忌，这样做亏钱是肯定的了。

如果按原先计划行事，盈亏都能应付自如，即使亏损也属意料之中，心理上较容易接受。但如果“脚踩西瓜皮，滑到哪里算哪里”，那么失败后自然心态上不平衡，情绪也不稳定，在这种情况下，更容易一错再错，最后到不可收拾的地步。

临时改变主意，这是优柔寡断、缺乏自信的表现。期货多空交战，某种意义上也是心理战。买卖过程中，只要不出现超出原定计划范围内的情况，就应坚定不移地按计划办事。

12. 期市生存之要——有效的资金管理

期市有风险，交易中有盈有亏乃是常事。要想成为一位成功的期货交易者，在初期阶段学会生存比赚钱更重要。而生存之道的关键在于掌握有效的资金管理方法。

优秀的期货高手都有这样的体会，一年之中，他们做错的交易可能比做对的交易还多，那么，他们怎么还能赚到钱呢？答案就是有效的资金管理。

资金多少是相对的，有效的资金管理与开户资金多少没有关系。资金管理方法应该以百分比来衡量。

资金管理是指资金的配置问题，包括投资组合的设计，多样化的安排，在各个市场上应分配多少资金去投资，止损点的设计，报偿与风险比的权衡，在经历了成功阶段或挫折阶段之后采取何种措施，以及选择保守稳健的交易方式还是积极大胆的交易风格等方面。资金账户的大小、投资组合的搭配以及在每笔交易中的金额配置等，都能影响最终的交易成绩。

有效的资金管理要求交易者任何时候都不能出现弹尽粮绝的局面，任何时候都要确保第二天还能继续交易。

资金管理的注意要点有：

• 投资额限制在全部资本的 1/3 至 1/2 为宜。这就是说，交易者投入市场的资金不宜超过总资本的一半。剩下的一半做备用，以应付亏损或者临时性的支出。

• 根据资金量的不同，投资者在单个品种的最大交易资金应控制在总资本的一定比例之内，比如控制在 20% 左右，防止将风险过度集中在一个市场上。

应该注意的是：证券投资也需要分散投资风险，认为选择不同的证券品种组成证券投资组合可以起到的分散投资风险作用，而总投资金额可以达到 70% 甚至 100%。但期货投资的分散化，是指选择少数几个熟悉的品种在不同的阶段分步投入。两者是有区别的。当然，期货交易的一些特殊策略如套利交易、对冲交易，因为风险度本身较低，使用资金的比例也可以放大。

• 在单个市场中的最大总亏损金额宜限制在总资本的一定比例之内，比如 5%。这一比例通常可根据交易者在交易失败的情况下，愿意承受的最大亏损来定。

• 通常认为，在期货交易中，只有当风险与获利的比率在 1 比 3 之上时才值得进行。比如，单子赔钱的潜在风险是 1 000 元，那么获利的潜在目标应该达到 3 000 元。

13. 程序化/量化交易

从 2013 年的第七届期货大奖赛开始，大奖赛增设了一个程序化组。2019 年第十三届大奖赛的程序化组又被称为量化组。那么什么是程序化交易或者量化交易呢？大奖赛组委会将参与量化组比赛的交易者定义为有完整的量化策略，全自动、半自动地依靠计算机下单。

用计算机进行交易，早在 20 世纪 70 年代中期的美国就开始了。最初的运用是在辅助证券投资组合交易方面，由于投资组合的股票动辄就是几百只，用计算机进行交易，其效率不仅比以往的手动操作大大提高，而且精准度也得到空前提高。随着计算机技术的突破与发展，聪明的投资者就想到建立投资模型并利用计算机进行数据分析和选择股票，在这基础上进一步扩展到交易时机的选择上，最终实现由计算机全自动运行。在量化交易的发展过程中，也产生了许许多多的新名词，比如程式化交易、程序化交易、量化交易、系统交易、交易系统、宽客等。同样，在期货交易领域，运用这种交易方式的人越来越多，构成了期货交易中的一道风景线。

下面举一个简单的例子说明程式化交易是如何运作的。

案例

假定有一个交易者研究历史移动平均线，他在考虑：当短期移动平均线向上穿越长期移动平均线时买进期货；反之，当短期移动平均线向下穿越长期移动平均线时卖出期货，以这个规则建立一个交易系统，其效果会怎么样呢？接下来他采用以下几个步骤。

- 在电脑上借助软件对大量的历史数据进行模拟。比如，以 3 天的短期均线和 20 天的长期均线回溯过去 5 年的情况；统计 5 年来各种指标的情况，诸如总交易次数、总的盈亏额、赚钱次数、亏钱次数、赚钱的平均盈利额、亏钱的平均亏损额、最大一次盈利金额、最大一次亏损金额等。

- 将短期均线和长期均线的参数变换后继续模拟，比如，现在以 5 天的短期均线和 30 天的长期均线回溯过去 5 年的情况。如此反复进行，可以发现对特定的品种存在多组相对较好的参数。

- 在研究比较中，投资者可能会发现交易规则存在一些明显的缺陷，此时应检查其中几笔最大亏损单，也许会得到一些启发，然后开始着手对交易规则进行修改，比如增加一些辅助条件等，之后再对修改后的交易规则进行测试。如此反复之后最终会得到一个比较满意的交易规则。

- 接下来投资者可选用两种做法：一是将交易规则接入生产系统（交易软件），生产系统可以实时监测市场交易情况，一旦市场交易情况满足这些条件，计算机就自动执行预定的交易操作，这就实现了全自动交易。另一种是不接入生产系统，交易员仅根据交易信号提示手动下单，这可以称为半自动交易（见图14）。

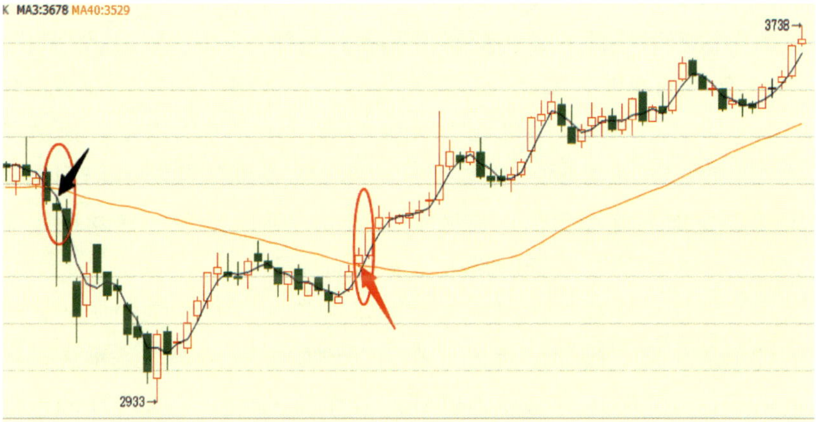

图14　利用长短期移动平均线交叉信号进行交易的示意图

程序化/量化交易的优点极其明显。

首先是充分发挥计算机的强大处理数据的能力及实时跟踪能力。证券市场的股票成百上千，如果再关注海外市场，那数量可以上万。期货市场上热门品种也有几十个上百个。利用计算机可以实现24小时全天无休，这是人工看盘无法比拟的优点。正是这一优点，使得人工时代无法实施的大量的交易策略因此产生。

其次是交易严格按照事先定好的规则执行。众所周知，投资交易中最大的人性弱点是“恐惧”和“贪婪”，而计算机不懂“恐惧”和“贪婪”，只会忠实执行指令。

从交易角度看，这两个优点具有巨大的优势，因此程序化/量化交易的队伍越来越壮大，其中，机构投资者更是对此趋之若鹜，成为程序化/量化交易的主力军。

当然也应看到，程序化/量化交易也不全是优点，也存在一定的风险及局限性。

首先，交易软件越来越复杂，其中难免会存在一些错误，这种错误一旦发作不仅会引发重大损失，甚至会给市场造成系统性风险。2013 年 8 月 16 日，光大证券投资策略部的量化交易自动套利系统出现问题，导致重复下单，买入了 72.3 亿股的股票，如此大的买单导致股价大涨，触发了很多量化交易的条件，一下子导致了 300 多亿元的资金入场，几分钟之内上证指数就拉升了 100 多点，59 只权重股瞬间涨停。所谓的“乌龙指”实际上仍旧是软件问题。光大“乌龙指”并非孤例。在欧美市场上，类似光大“乌龙指”事件也会发生，给资本市场的有效管理带来了严重的挑战。

其次，尽管量化交易在数据挖掘和科学决策方面有一定的优势，但在历史数据中挖出的所谓“规律”也未必有效。例如上面采用均线系统进行程序化交易的例子，在实际运行中能否赚钱还是个疑问，因为所选择的最佳参数是历史的，不能保证在未来行情中也是最佳的。更大的问题是遇到“黑天鹅”之类的突变时，由于过度迷信历史模型，反而会面临更大的风险，遭受更大的损失。

美国长期资本管理公司旗下有两位诺贝尔奖得主和一位美联储的副主席，被誉为量化交易界的一面旗帜。1998 年，俄罗斯卢布大幅贬值，大家在市场上纷纷抛售俄罗斯债券，但他们的模型假设认为俄罗斯这样的大国是不可能赖账的，依据量化交易策略，他们不但不抛售，反而大量买入俄罗斯债券。结果俄罗斯发表声明不再偿还任何债务，结果长期资本管理公司一天就亏掉几亿美元，一个月之后就被迫清盘了。

14. 期货败招一，满仓操作的赌徒心理

期货交易有亏有盈乃正常之事，对初入市的交易者而言，他人的成功经验固然值得总结，但更重要的是汲取那些交易失败者的惨痛教训。“失败乃成功之母”，如果投资者能避免那些失败者的不良交易习惯，意味着离成功者的距离就缩短了一步。当然，要克服这些交易不良习惯是很不容易的，因为这些恶习的本质是人性内在缺陷的反映，而“江山易改本性难移”。要去除这些恶习，本质上不是斗天斗地而是与自己斗。正如《道德经》所言，“胜人者有力胜己者强”，能够战胜自己内心深处隐藏着的恶习的人才会是期货市场上最终的胜出者。

在期货交易中，第一恶习是赌徒心态的满仓交易。从表象上看，交易者敢于满仓交易，代表交易者对行情判断极具自信，事实上的确也有成功者，且一旦成功，获利之丰厚令他人咋舌，声誉也会接踵而来，会带给交易者极大的成就感。然而，一次两次甚至更多次的成功会导致心理定式，在下次交易中更愿意继续采用孤注一掷的方法。而只要遭遇到一次厄运，就有可能全军覆没，不仅将过去的盈利全部吐出去，连最初的“老本”也可能亏光。还记得前面介绍过利弗摩尔因棉花期货交易导致的第三次破产吗？还记得刘增铖的惨败经历吗？无疑，从两个人的以往经历看，无疑都是敢于重仓交易的冒险者，过去一次次的辉煌经历使他们更信心爆满，以为这一次同样不会看错。结果是，当行情开个玩笑，投资者可能就会遭遇滑铁卢。下面我们再来看一个真实的典型案例。

案例

半年时间4万元变成了1 450万元！2008年，在江城上演了一个资本市场的神话。

据说，万群（化名）2005年7月拿6万元涉足期货市场，此前她有10年的炒股经历，但步入期市后的两年时间，她的保证金从6万元缩水至4万元。

转折点发生在2007年8月下旬，万群开始重仓介入豆油期货合约。9月到11月，豆油0805合约从7 800元/吨一路上涨至9 700元/吨，其间她不停地采取浮盈加仓策略。截至11月中旬，万群已有10倍的获利。其后，万群的财富多次呈几何级增长。

2008年3月4日，豆油主力合约又是涨停板开盘，万群账户的权益达到2 000多万元。不过，当天行情出现剧烈震荡，豆油期货价格在一个小时内从涨停快速滑落至跌停，尾盘收至平盘附近。而在当天的跌停中，万群的账户因为保证金不足，被强行平去了一部分合约，但这并没有引起她的重视。期货公司的人找她谈过，但她拒绝主动减仓。3月5日，豆油0805合约、0809合约双双跌停。

3月6日，豆油0805、0809两合约宽幅震荡，最低又到跌停板，但收盘时略有回升。由于万群一直是满仓运行，账户保证金严重不足，除了被期货公司强行平仓了一部分外，自己也平掉了一些。据说，截至收盘时，保证金已只剩400多万元了，但相对于其剩余的持仓，仍旧是重仓。

面对这一大势，万群依然固执己见，不采纳期货公司全部平仓的建议，其实这样至少是能够顺利出局的，可以保住这400多万元的果实的。但由于万群坚信豆油此次调整与前两次一样，只是暂时现象，故依旧留下了重仓。据说，2007年11月20日和2008年1月中下旬的两次调整中，万群均有部分仓位被强行平掉过，但她当时因为继续坚持做多，所以财富才迅速增加。这次她也是这样想、这样做的。

3月7日和10日两天，豆油无量跌停，万群想平仓也平不了了，由于仓位过重，其巨大的账面盈利瞬间化为乌有。3 月 11 日上午，0805、0809 合约大幅低开，但盘中双双翻红，收盘分别下跌 0.83% 和 0.36%。但由于没有能力追加保证金，万群所持有的最后 300 手合约被强行平仓，最终，她的账户保证金只剩下了不到 5 万元，又回到了起点。下面我们看看 2008 年豆油期货价格走势图（见图 15）。

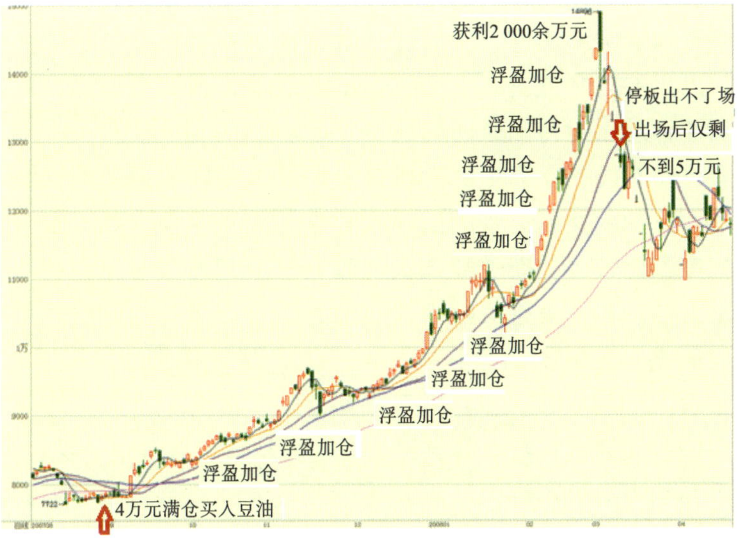

图 15　2008 年豆油期货价格走势

看看豆油期价走势图及万群的进出点，是不是很可惜。她的进场点差不多都是最低价，这一波几乎完美的上涨趋势行情都被抓住了，即使被强平时的价格，也远远高于进场点。令人唏嘘结局的罪魁祸首是因为她不断地以浮盈加仓，以至于无论价格怎么上涨，一直都是满仓交易。豆油期货的保证金一般情况下是 8%（交易所 5%，期货公司增加 3%），以 8 000 元的价格计算，一张合约（10 吨）的保证金大致为 6 400 元，进场时的 4 万元至多只能买进 7 张合约，但她在高位时居然持有 300 张合约，可见其中途加仓的力度之大，几近疯狂。而疯狂的结局其实是可以预期的。

15. 期货败招二，没有耐心与不甘认赔，总是赚小亏大

自有期货市场以来，没有任何一个交易者能够百战百胜的，没有任何一种分析工具次次灵验！只要是人，就会出现考虑不周或失算的情况，还会面对一些无法预料的突发事件，比如宏观政策重大变动，战争、政变或恐怖事件，地震、洪水等自然灾害，机构资金链断裂等，谁能预测呢？问题在于做对或做错后应该怎么对待和处理。

不妨看一些有较长交易史的期货账户，其中比较极端的有两类。一类是胜利者，这些账户的交易记录的盈利次数未必大于亏损次数，但其特点是每次亏损的幅度都比较小，而少数几次的盈利幅度却非常惊人，利润可以达到几十甚至上百倍。另一类是失败者，他们的账户记录与胜利者恰好相反。盈利比例可能很高，但每次的盈利幅度都不大，从未得到过比较丰厚的利润。但一次或数次（尽管次数不多）的亏损幅度却非常大。

为什么一些交易者在数年甚至更长时间内从来没获得过一次较大的盈利，是不是可以归结为运气不好，从未遇到一波较大的趋势行情呢？答案往往是否定的。不信可以查看记录中一些盈利的单子，对照行情看一下，你会发现很多交易不仅方向做对了，入场点还非常及时。但最终结果呢，都是获得一点蝇头小利，而放弃了本来可以唾手可得的金娃娃！为什么不敢持仓时间长久一些，为什么不敢放胆去盈利，其根本原因还是源于人性的缺陷。

很多交易者都有如下的体验：在交易的单子由亏损转入盈利状态尤其是较大盈利时心中特别不安，一方面忙着计算已获利多少，同时又担心行情反过来后到手的利润泡汤。一想到好不容易挣到的钱可能会失去，落袋为安的冲动就冒出来了。在这种心魔折腾下，行情一旦稍有波动，就觉得似乎验证了自己的担心，马上就想出手平仓，最终出现因小失大的结果。在一些情况下这种做法似乎没有错，比如在震荡行情中，正因为及时平仓避免了后面的

损失，这种经验无疑会强化“能获利就该出场”的心态。但问题是经常这样做之后习惯已然被养成，因此注定了永远与趋势行情无缘的命运。

趋势行情通常具有两个特点。一是不会经常出现，有可能一年出现一次甚至几年才出现一次；二是趋势行情出现之后不会几天就结束，在行情演化过程中会出现一波三折的情况，比如在上涨时的大涨小回，在下跌时的大跌小涨。这两大特点都昭示着，如果交易者希望抓住趋势行情，就必须拥有足够的耐心！等待行情需要耐心，抓住行情后让行情发展也需要耐心。然而，大多数人是缺乏耐心的，表现在期货交易中，三天不交易会觉得无聊透顶，下单持仓后三天没有进展就会产生焦虑。人们之所以很容易出现诸如烦躁、浮躁、急躁、焦躁、厌烦、无聊等心理症状，其深层原因还是因为缺乏耐心，而缺乏耐心是人性中固有的缺陷，要克服这一缺陷是非常不容易的。耐心是期货交易中最宝贵的品质，不具备这一品质在期货交易中是很难成功的。

不妨回头再看一下前面介绍过的万群的案例，万群在2007年8月下旬开始从4万元起步重仓介入豆油期货合约，直到2008年3月4日时持仓仍然在手，持仓时间长达半年多，足够的耐心使其盈利额一度高达2 000多万元。尽管最后仍旧因为持续加仓的满仓行为而回到起点，但至少证明了曾经的富贵也是耐心带来的。而很多交易者，即使交易历史更长，但起起伏伏的账户从来没有创造过一次辉煌。正所谓“鹰有时飞得比鸡低，但是鸡永远也飞不到鹰的高度”，在期货交易中，我们要追求做那些有耐心的雄鹰。

有人会有疑问，难道做对行情后就一直持仓不出场吗？是的，总归要出场的，成功者告诉我们，较好的出场方式与止盈技术有关。

如果说没耐心的交易者永远挣不到大钱，那么遇到亏损不肯止损的交易者，只要遇到一次重大亏损就可能被淘汰了。每一次伤筋动骨的亏损，几乎都是从不起眼的小亏损开始的，而且一开始交易者也不会上心。这也正常，期货价格上上下下，如果一点小亏损都无法承受，还做什么期货！然而，这一次尽管期货价格也在上上下下，但总体却是倾向于朝着持仓的反方向发展，而且由于在这个过程中还有加仓，投资者发现自己的亏损在一步步扩大，怎么办？割肉吧，太痛！割肉意味着承认失败，这可是人性中最不愿意接受的结局。于是再度审视行情，总觉得这波反向行情已经差不多了，很可能现在就是黎明前的黑夜，还是再熬一下吧。于是再度调集资金，继续加仓。还记得前面介绍的导致利弗摩尔第三次破产的棉花期货交易吗？最初的持仓量已增加至 6 万包，然后将盈利的小麦抛掉再不停地加仓，直到持仓增加至 44 万包。再看刘增铖做空 PVC 期货的案例，在价格上涨时，心有不甘，不断平掉其他品种的头寸，加空 PVC。当几个基金产品的资金用完后，又将个人委托理财的资金全部赌在 PVC 的空头上。结果是：

易水河畔，壮士一去难复返。

乌江边上，霸王从此不再来。

拖！拖！拖！折戟沉沙的亏损都是由小亏损开始拖出来的。在面临亏损时，宁愿一次次追加保证金，甚至一再加码，寄望于反败为胜，一直拖到山穷水尽时才不得不砍仓，本来只损失一撮牛毛的，最后整头牛都被人牵走了。所以请牢牢记住“不怕错，只怕拖”这句期货交易中最重要的警言。

由此就不难理解为什么期货交易中大量的传世警言都是围绕“及时止损”展开的吧。

利弗摩尔自己总结的是：绝不让一笔交易中的亏损超过资本的 10%，你必须服从你自己定的规则，不能欺骗你自己，不要拖延，不要等待！

16. 期货败招三，见异思迁的交易态度

如果说“长期专注”是成功交易者重要的素质，那么与其相反的一种坏习惯就是在交易中“毫无主见”，且动辄“见异思迁”。你要问他们的交易策略是什么，对不起，要么没有，要么自己也不知道。现在是一个想法，过一会儿又变了。

案例

小张是一位初出茅庐的期货交易者，交易之前，已经读了不少期货交易方面的书籍，尤其是交易策略的书。可以说，在交易之前小张已经对各种期货交易策略非常熟悉了。看到白糖期货品种交易比较活跃，小张便盯着白糖期货，看了几天后就开始交易了。几笔短线交易都挣钱了，小张不免有些得意。然而接下来遇到问题了，做了买单价格下跌，做了卖单价格又上涨，一旦止损，价格又反转。于是尝试不止损且加码摊薄成本的策略，果真有效，以为这策略好。哪知有一次做多加码之后价格大跌，由于损失太大不肯认赔，便反向开仓锁定亏损，心想这下至少亏损不会扩大了。然而，接下来怎么解锁可把小张愁坏了，先平买单担心价格上涨，先平卖单又怕价格下跌。

此时，小张看到螺纹钢期货上涨趋势比较明显，赶紧入场，运气不错，赚了一把，不但将白糖期货的亏损全补回来而且还有剩余，于是将白糖期货的锁单解除，从此再也不看白糖期货了。然而，螺纹钢期货的交易运气持续了两个月后又不行了，看到黄金期货大涨立马又转移阵地。就这样来来回回折腾了两年以后，小张自己总结了一下，账户最高时利润曾经达到200%，但最终还是亏损了40%，唯一值得安慰的是国内期货市场几十个热门品种都留下过他的足迹。

作为一个期货交易新手，小张的经历有一定的代表性。新手希望在期货市场挣快钱而勇于出击，敢于尝试。如果问他的交易理念是什么？他可能会一脸茫然，或者回答说交易理念就是赚钱；如果问他经常关注或者擅长什么品种，他的回答也许是没有特定品种，哪个火爆就做哪个，或许是在某人介绍下才做这个品种的；如果问他主要采用哪些交易策略，得到的答案很可能是怎么挣钱怎么来。可以说他们的整体交易态度就是见异思迁。不要以为那些具有“长期专注”交易态度的期货赢家是天生的，他们几乎都是抱着挣快钱的憧憬走进期货市场的。可以说，见异思迁的交易态度几乎是横亘在新入市交易者前面的一片绕不过的沼泽地。差别在于在大量的交易实践教训下，聪明的交易者逐渐理解期货交易的本质是风险交易，是一种“概率游戏”，只有“长期专注”才能提高获胜的能力。只有真正明白“欲速则不达”“快就是慢，慢就是快”的道理，才能将“有所为有所不为”的理念融入自己的心田，转化为自觉的交易态度。

利弗摩尔原本在做他自己熟悉的小麦期货，操作得很漂亮，给他带来了可观的利润。然而，由于很钦佩棉花专家托马斯，在托马斯的鼓动下，闯入并不熟悉的棉花市场。他们对棉花市场进行了讨论，利弗摩尔认为应该做空，而托马斯认为应该做多，由于托马斯的名声很大，再加上他有一整套看似很有说服力的数据和最新信息，利弗摩尔还是被说服了。从原本的做空翻为做多，但价格却越来越低，任由托马斯牵着鼻子走的最终结果是导致了他第三次破产。尽管这次破产与利弗摩尔持仓过重有很大关系，但不能不说也与他轻信托马斯，闯入并不熟悉的市场有关。

看来，在期货交易中，坚持“有所为有所不为”，做自己熟悉的品种，避开自己“看不懂”的品种还是非常有必要的。

破碎的水晶球——期货交易中的预测分析

在西方，传说中的水晶球是可以看到未来的。期货交易中的输赢这么大，如果有一个水晶球，那不得了！事实上，从有期货交易以来，大批的期货交易者一直在孜孜不倦地通过创造各种分析方法来寻找期货交易的水晶球。一些成功的交易者被大众追捧，人们会努力探求这些成功者分析及预测市场的方法。以至于现今市场上流行着各种各样的分析预测方法，方法之多可以说是多到汗牛充栋。但是从大类上分，基本可以分为两大类，那就是基本面分析方法和技术面分析方法。

1. 基本面及基本面因素

导致商品价格忽高忽低的原因是什么？经济学中有一条基本原理：在非管制的自由竞争市场中，决定价格涨跌的根本原因是供求关系。

当商品供大于求时，商品的价格就会下跌。供大于求时，肯定有一部分商品卖不出去，这时不少人都会想到降价促销这一办法。而只要有人带头降价，在竞争的压力下，其他供应商就不得不随之而动，甚至掀起一股竞跌之风。反之，当商品供不应求时，商品的价格就会上涨。供不应求时，一些为了先得到这种商品的需要者宁愿出高一些的价格，这样，在需求者的竞价压力下，价格就会开始逐渐上涨。

通常，人们总是希望价格稳定，认为价格波动不是好事情。其实，价格波动也并非全无好处。按经济学的原理来说，正是因为价格有涨有跌，才使得商品的供求之间不会出现长时间的缺口，因为价格涨跌可以起到调节供需的作用，起到弥补缺口的作用。

比如，供大于求时，降价会增加需求量，促使供应者减少供应量。显然，这些都是有利于扭转供大于求局面的。为什么降价会增加需求量呢？一是因为降价后，使用者会觉得便宜而增加使用；二是因为大多数商品之间有一定的替代关系，例如，豆粕和玉米都是重要的饲料来源，饲养业在使用时会比较它们的价格，如果豆粕价格大跌，饲养业会觉得多用豆粕少用玉米更经济，这就是替代效应。为什么降价又会起到减少供应量的作用呢？那是因为在降价之前，该商品的生产商因为有利可图而愿意多生产。而降价后由于利润降低，甚至亏损，生产的积极性自然就降低了。当一部分生产者减产或停产后，总的供应量不就减少了吗？同样，当供不应求时，涨价也会产生减少需求和增加供应的双重结果，其最终效应也是缓解供不应求的局面。

供需平衡

一些商品的价格经常会涨了又跌，跌了又涨，呈现出一种周期性的状况。这说明了什么？说明市场供需这对矛盾是动态的，是始终存在的。供大于求的局面形成后，价格会下跌，实际上，也可以理解为下跌的价格发出了供大于求的信号。在价格下跌的过程中，供应量逐渐减少，需求量逐渐增加。一段时间后，市场可能已经达到某种程度的均衡，即供需相当。但由于市场的惯性作用，价格还会继续下跌，以至于不知不觉中，市场可能已经转化为供不应求的局面了。这时候，人们会发现，价格不仅跌不下去了，而且又开始回升了。价格回升，是供不应求的信号。一路高涨的价格，一方面会促进使用者尽可能节约使用，减少需求；另一方面由于生产商的利润越来越大，会促使他们扩大生产能力，增加供应量，同时，高额利润还会起到诱使其他生产者加入该生产行业，使供应量进一步增长。然而，这些都需要时间，在增长的过程中，价格还会上涨，一直要等到供大于求的局面又形成后，才会迎来另一个循环。

尽管供需平衡是一种理想状况，但遗憾的是，即使暂时形成了这种格局，迟早也会被其他因素打破。这些“其他因素”有两个特点，一是多且复杂；二是在这些因素中，有些还是人类无法控制的。

不妨举几个例子。

假设某种商品目前的价格是均衡价格，在这个价格下，供需双方不仅满意而且供需数量也差不多。但是，该商品的生产成本在科学技术进步的推动下，大大降低了。对生产商来说，暴利替代了原先的薄利。在这种情况下，生产商当然愿意扩大生产，提供更多的产品。于是，原先的供需平衡一下又变成供大于求的关系了。

又如，某一农产品的供需几年来一直处于均衡状态，价格几乎没有什么波动。但一场自然灾害，使得该产品的产量大幅下降，供需平衡的局面还能维持下去吗？或者，该年恰恰是风调雨顺，总产量比往年高出许多，供需平衡的局面不是又被打破了吗？

现在明白了吗？所谓的“基本面”就是“供求关系”，基本面分析就是分析“供求关系”，凡是能够影响供求关系的因素就是“基本面因素”。

2. 经济周期及经济政策对价格的影响

经济周期一般由复苏、繁荣、衰退和萧条四个阶段构成，通常用国民生产总值（GNP）、国内生产总值（GDP）、失业率、价格指数、汇率等指标来衡量。复苏阶段开始时是前一周期的最低点，产出和价格均处于最低水平。随着经济的复苏，生产的恢复和需求的增长，价格也开始逐步回升。繁荣阶段是经济周期的高峰阶段，由于投资需求和消费需求的不断扩张超过了产出的增长，刺激价格迅速上涨到较高水平。衰退阶段出现在经济周期高峰过去后，经济开始滑坡，由于需求的萎缩，供给大大超过需求，价格迅速下跌。萧条阶段是经济周期的谷底，供给和需求均处于较低水平，价格停止下跌，处于低水平上。这些是经济周期四个阶段的一般特征（见图 16）。在整个经济周期演化过程中，价格波动略滞后于经济波动。

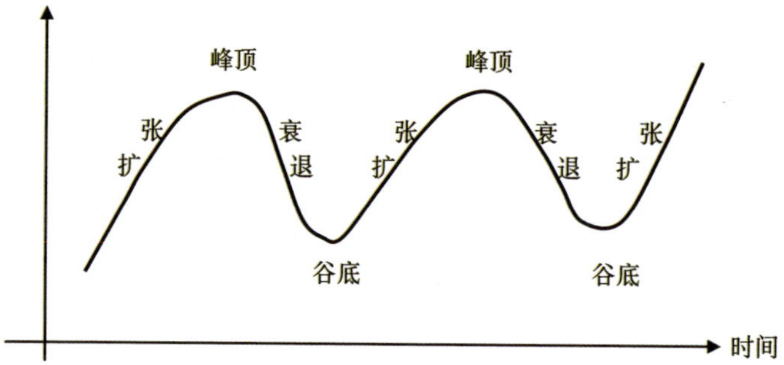

图 16　经济周期示意图

为什么商品的价格难逃经济周期的影响？这是因为商品的供求关系都难以逃脱经济周期的影响。比如，萧条时期，其他商品的价格都跌，会导致实际生产成本降低，原先供需平衡的产品，如果不跌价，就会因为生产利润增长而导致供应增长。另外，其他商品的价格都跌，原先供需平衡的产品，如果不跌价，则会被替代效应挖去一大块需求。两方面的综合结果就是原先供需平衡的产品也变成供大于求了，因此，只能加入跌价的行列。

当然，不同的商品，受经济周期影响的程度不会一样。

政府的经济政策会对商品价格产生不同程度的影响，这种影响可以分为两个层面。其一是政府针对整体经济所制定的宏观政策；其二是对具体商品所制定的特殊性政策。

政府对整体经济制定的宏观政策，通常具有“反周期政策”特点。当总需求小于总供给，产生萧条和失业扩大化时，采取扩张性措施来刺激总需求；当总需求大于总供给，产生通货膨胀时，采取紧缩性措施来抑制总需求。调控经济的主要手段分别有财政政策（包括收入政策）、货币政策和汇率政策。由于调控政策的出台往往是针对现实经济中的问题而做出的，会对经济走势产生一定程度上的影响。宏观经济调控政策会打破一些商品原有的供需关系，从而使价格发生变化。

对具体商品而言，政府所制定的特殊政策所带来的影响更为直接。比如，政府对某一品种的税收政策，或对进出口关税进行的调整，将直接打破原有的价格平衡。

案例

1996年，美国国会批准新的《1996年联邦农业完善与改革法》，使1997年美国农场主播种大豆的面积猛增10%，从而导致大豆的国际市场价格大幅走低。政府的农产品保护价政策会影响农民的种植行为，也会影响期货价格的下跌范围。

2010年国家对油菜籽继续实行保护价收购政策，每市斤1.95元（国标三等），折合菜油价为8 000元/吨至9 000元/吨。在期货市场上，郑州菜油期价的底部就在此范围。

3. 国际市场、汇率与利率对价格的影响

任何一个国内市场都是国际市场的一部分。在自由贸易时代，任何一国

的国内市场都不可能摆脱国际市场的影响。如果国际市场价格有较大波动，国内市场想不受其影响几乎是不可能的。比如，国际市场上由于供大于求，导致价格下跌，即使国内自身供需是平衡的，能逃脱其影响吗？不能，因为国际市场的低价会吸引该国的进口商开始进口或增加进口。这样，原本平衡的国内市场因为进口增加也变得供大于求了，只有当价格下跌至进口商无利可图时，进口才会停止。相反则是如果国际市场价格高了，国内市场的低价也维持不下去，因为这时出口商会活跃起来。

当然，国内市场价格受国际行情影响的程度与该国的开放度有关，开放程度越高，影响程度就越大，价格之间的联系就越紧密。比如，我国的铜生产和贸易，开放早，开放程度也相当高，以至于上海期货交易所的铜期货价格与伦敦金属交易所的铜期货价格之间的联系非常紧密。

汇率是本国货币与外国货币交换的比率。汇率变动时，两国货币之间原本的比率被打破，意味着商品的进出口价格也发生了变化。

案例

全球天然橡胶主产国集中在东南亚地区，在国际贸易中，以美元计价已经成为惯例。1997年东南亚金融危机，东南亚各国货币纷纷贬值，导致国际市场上天然橡胶价格暴跌。又如，日本的天然橡胶全部依赖进口，即使国际市场上天然橡胶美元价格相当稳定，但在日本国内，由于日元与美元的汇率经常变化，导致以日元报价的天然橡胶价格也不时地波动。

案例

1998年其货币雷亚尔大幅贬值，使巴西大豆的出口竞争力大幅提高，挤占了美国大豆的出口份额，使芝加哥大豆期价产生了一波下跌行情。

1994年，我国人民币兑美元的汇率大幅贬值，上海金属交易所的铜期货大幅上涨，也是一个典型的案例。

般而言，国的某种商品，其国内供需平衡对进出口的依赖程度越大，对汇率变动的敏感度也就越大。因此，交易者如果进行这类商品的期货交易，就必须密切关注相关汇率的变动情况。

利率变动或调整，是政府宏观调控的一个手段，它对商品价格的影响是双重的。一方面，宏观调控后经济形势的变化会对商品价格带来间接影响；另一方面，利率变化后，商品供需双方的资金成本也会发生变化。不过，即使它对商品价格产生了影响，其影响力也是间接的。因而，其影响力不如汇率变动因素那么大。

尽管利率变动对商品价格的影响并不大，但对金融期货的影响却非常大。比如，对股指期货而言，利率波动可以说是重量级的影响因素。还有，在汇率期货中，一国利率是否变动，变动多少，也是交易者十分关注的重要因素。在利率期货中，利率变动更是期货价格变动的直接原因。

4. 自然因素、政治因素对价格的影响

自然因素主要有气候条件、地理变化和自然灾害等。具体来讲，包括地震、洪涝、干旱、严寒、虫灾、台风等方面的因素。

农产品价格最容易受自然因素的影响，当自然条件不利时，农作物的产量就会受到影响，从而使供给趋紧，刺激期货价格上涨；反之，如气候适宜，又会使农作物增产，增加市场供给，促使期货价格下跌。例如，巴西是全球咖啡的主要生产供应国。有一年，因巴西遭受严重霜冻，据说一夜之间冻伤了 30% 的咖啡树，消息一经传出，国际咖啡期货价格就上涨了好几个停板。

气候因素已经成为农产品期货炒作的一个重要因素。因为各种农产品在播种期、成长期或收割期对气候的要求不一样，所以在这些时期，主产区的气候情况及其变化就会引起交易者的特别关注，一有风吹草动，就会引起价格波动。

自然因素的重大变化对工业品和能源产品也会产生相当大的影响，比如，当生产、运输和仓储因灾难天气而造成较大损失时，价格就会上涨。

有些商品的供应或需求具有季节性特点，如农产品的供应都是每年同一时期集中上市，而需求却是分散的。又如，活猪的屠宰、销售及小猪生产期也有季节性特点。还有，燃油在冬季的需求量明显超过其他季节。

案例

供需的季节性特点引发价格的季节性波动，这一点，在农产品上表现得特别突出。经过统计比较，发现大豆市场的特点为：每年从3月、4月开始，南美新豆上市，进口量增多，致使现货价格走到谷底，随着5月、6月消费旺季的来临，价格从谷底缓慢回升，至7、8月大豆青黄不接时，价格达到年内峰顶，10月后由于北半球的新豆上市，价格再次回落至谷底。1月、2月随着年关消费高潮的来临，价格略有反弹，并于年后重回3月、4月的谷底。如此循环往复。

由于职业投资者和现货商都懂得季节性的影响，因而，这种特点一般在不同合约月份上会得到提前反应，比如，5月合约对3月合约升水，而11月合约对9月合约贴水。但从全年走势来讲，期货价格的低点通常会在收获季节出现。有些交易者在判断后市时，会将其作为一个参考依据。当然，在应用之前，他们首先会对历史数据进行定量的统计分析，从中发掘出更多有意义的信息。

案例

2020年2月至4月，新冠肺炎肆虐全球，实际上，新冠肺炎也是一种自然灾害。全球经济大面积停摆，各种商品竞相跳水，图17是CRB指数（商品期货指数）周K线，圈中部分对应的正是2月至4月的暴跌行情，指数从最高424点跌至316.68点，跌幅超过25%。

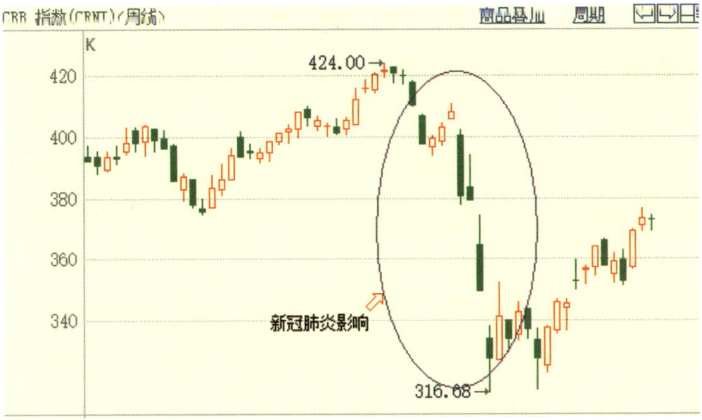

图 17　CRB 指数周 K 线（2019 年 6 月至 2020 年 6 月）

政治因素主要指国际国内政治局势、国际性政治事件的爆发或国际关系格局的变化。

案例

1980 年 1 月 4 日，美国为警告苏联入侵阿富汗，决定向苏联禁运粮食 1 700 万吨，结果引起芝加哥交易所闭市两天，9 日开市后又出现多次跌停板。

1999 年 11 月上旬，中美贸易代表团在北京举行关于中国加入世界贸易组织的谈判，消息一出，大连大豆期价即告下跌，猛跌一周，2000 年 5 月的大豆合约价格从 2 240 元/吨下跌至 2 060 元/吨。因为交易者都认为，一旦谈判成功，美国向中国出口大豆的障碍就消除了。

2001 年 9 月 11 日，美国发生震惊全球的恐怖袭击事件，商品期货价格普遍下跌，能源价格在一个月内下跌高达 40% 左右。

在分析政治因素对期货价格的影响时，应注意不同的商品所受影响的程度是不同的。比如，国际局势紧张时，对战略性物资价格的影响就比对其他商品的影响大一些。

5. 期货价格更敏感，严重投机的影响

有过期货交易经历的人都会发现，有些基本面方面的消息出来后，期货价格上蹿下跳，但现货价格却没有什么变化。为什么期货价格会如此敏感，如此强烈呢？

首先，期货价格是远期价格，它反映的是未来市场的供求关系，具有预期性作用。而现货价格是即期价格，它反映的是现在市场的供求关系。尽管未来价格与现在价格是有联系的，但其表现方式不同是合理的。比如，有时它会比现货价格高，有时又比现货价格低。

其次，大多数基本因素的变化，本身就是远期性质的，比如，国家的政策变动通常会提前发布，其真正的影响在远期；又如，天气的变化，尽管是现在时，影响的是现在已经种植的作物，但这些作物实际上仍旧属于未来供应的商品。由于基本因素本身的远期性，其对远期的供求关系会产生重大影响，对现在价格的影响较小是正常的。

最后，期货交易采取买空卖空方式进行，因此，供求关系的变化对期货市场价格的影响会在很大程度上受交易者心理预期变化的左右，从而导致期货市场价格以反复的频繁波动来表现其上升或下降的总趋势。

买涨不买跌是人们的一种普遍心理。当市场价格上涨时，赚钱效应会使更多人愿意买进，并且有些人还愿意进行实物投机，即买进货物后囤积起来。尽管这些购买者并非是对货物的真正需求者，但至少暂时加大了需求，加剧了供不应求的程度。当市场价格下跌时，情况又反过来了，甚至连实际使用者也会降低储备量，这又加剧了供大于求的程度。

在期货交易中，这一现象不仅存在，有时甚至会表现得更突出。当市场处于牛市时，人气向好，一些微不足道的利好消息都会刺激投机者的看好心理，引起价格上涨；当市场处于熊市时，人心思空，即使有利好消息也会被忽视，而一些微不足道的利空消息则会被放大，以至于价格继续下跌。

与中小投机者相比，大投机商引发期价涨跌的能量更大，这也是交易者为什么特别关注大户持仓数量及方向的原因。大投机商的过度投机，很可能导致期价非理性的涨跌，这种涨跌，用其他合理的因素是无法解释的。比如，美国的白银期货，从1979年的每盎司6美元一度上涨到1980年年初的50美元，但那是亨特兄弟操纵的结果。后来由于操纵失败，银价又回到了老地方。

6. 基本面分析的难度与价值

从供求关系决定价格走向这一思路出发，人们自然会想到，如果能够搞清楚现在价格水平下，究竟是供大于求还是供不应求，不就能够预测价格走向了吗？这个想法，理论上完全正确。但困难在于：未来一段时间内，需求量和供应量会有多少，这是不确定的。因为除了要受价格影响外，还要受其他各种因素的影响。比如前面提到的种种因素，经济周期、政府的经济政策、金融政策及国际市场行情因素、投机因素、季节因素等，以及难以预测的自然因素、风云突变的政治因素等。提前把握需求量和供应量谈何容易。

首先，基本面分析要求拥有及时准确的数据、全面可靠的信息，这些对于一般的投资者来说是很难的；其次，光有数据还不行，还需要有科学的统计及处理方法，这对于没有受过专业训练的人来说，仍旧是一道难题；最后，影响供求关系的因素有很多，一些因素不仅无法量化，而且也无法预料的。

然而，不容易做与有没有价值是两回事。应该说，基本面分析在行情预测方面不仅有其合理的地方，而且真正做好了其价值是很大的。尽管基本面分析也有盲区，不可能预测突发事件，但突发事件是小概率事件，并非常态，而且即使被突发事件打个措手不及，拥有良好的基本面分析能力的交易者在如何处理以及合理评估事件影响方面也有很大的优势。

基本面分析的最大价值在于它的着眼点是行情大势，不被日常的小波动迷惑，具有结论明确、可靠性较高及指导性强等优点。

7. 基本面分析中的一些错误认知

有的交易者非常关注基本面消息，看见一条消息，立马判断是利空还是利多，并据此进行交易，但结果发现市场对此消息竟然没有反应，有时甚至还会走出相反的行情。这时候我们是不是应该反思一下，是否对消息的理解太简单了，出现认知偏差。

（1）缺乏整体观

有报道说：“某地棉花产量今年有望比去年增产10%。”这一消息对行情是利多还是利空？有人可能会不屑一顾地回答：供给增加，显然是利空。能下这个判断吗？不能！因为该地增产不等于其他地方也增产。如果报道的内容为“我国棉花产量今年有望比去年增产10%”或“全球棉花产量今年有望比去年增产10%”，那意义就不一样了。

“全球棉花产量今年有望比去年增产10%”，仅凭此还不足以判断供需关系，因为还不知道今年需求情况怎么样。如果今年全球棉花需求有望比去年增长15%，恐怕大家还是认为行情应该上涨。

如果有报道说，今年棉花增产10%，需求量增长8%，是不是一定供大于求了？还不一定。因为你必须结合历史数据进行分析后才能判断。如果今年增产10%是在过去几年大幅减产的基础上实现的，很可能今年的实际产量仍旧低于需求量。即使是实际产量与需求量差不多，也可能因为去年库存大幅减少仍旧显得供应紧张。

基本面分析要求的是能够全面反映供需两方面的数据，归纳起来就是“全面系统”。单方面的数据不足以判断，局部的数据更无用处。

（2）断片式理解

看电影遇到断片，跳过一大段情景，容易产生莫名其妙的感觉。同样，在期货交易中，人们对新出现的信息也应该连续关注。

比如，新进场的交易者看到一条信息说：世界棉花产量估计会增加10%。第一反应就是看空棉花。但是如果早在几天之前就有类似的预测认为产量将增加12%，价格就该反应性下跌了，现在新的预测调整为10%，是不是反而有些利多的意味了，价格有所反弹很正常。理解偏差的原因是该交易者没注意到以前就有过的类似消息，这就是典型的断片效应。

（3）将商品成本视作期货价格的跌底

期货价格下跌到很低时，交易者难免会将价格与产品的生产成本进行比较。的确，价格如果长期低于生产成本，生产者会考虑退出该品种生产，最终导致供应大幅减少，促使价格回升。但是，必须知道，这需要时间。在大规模减少供应未成为现实之前，价格跌破成本甚至相当一段时间内一直在成本之下运行仍是可能的。

当然，不同品种的价格，在生产成本之下运行的可能性不一样。一般而言，可以储存的品种，如金属铜、铝、黄金等，生产成本的支撑力度大一些。但对农产品来说，支撑力度就弱得多。即便价格下跌到成本以下，如果供给仍然大于需求，价格就还可能下跌。由于农产品种植的季节性和种植刚性，价格的调整一般至少需要经过1年甚至几年的时间。

在国际农产品期货市场上，曾经几度出现过期货价格低于农产品成本价格的现象，比如，白糖期货市场上，糖价居然跌到比包装袋价格还低的程度。换言之，等于是糖不要钱了。为什么会如此，因为当时的糖实在太多了，由于储存条件有限，不使用就会自己融化，如果能出售，至少还能回收包装袋的成本，总比分文不值好。

案例

2020年4月20日，是美国纽约商品交易所轻质原油4月交割合约的最后交易日。在此前数日，交易所通知调整交易软件，允许价格出现负值。结果当日早盘低开，盘中持续走低，尾盘加速下跌，收盘时居然跌入负值，收于每桶－37.63美元。

8. 充分利用公开性的专业报告

上面列举的一些基本面分析中的认知错误，其共同的特征是：粗看上去是在运用基本面消息分析判断问题，但实际上并没有从整体上、系统上对这些消息进行把握和分析，犯下了“只见树木不见森林”的错误。严格意义上的基本面分析不仅需要关注基本面消息，更重要的是要能够对新的基本面信息进行正确处理和理解。而做到这一点，必须拥有一套全面系统的数据库，这样的数据库不仅包括大量的历史资料，还包含了许多可以进行定性定量分析的模型。

当然，具有如此功能的数据库，建设和维护都不是一件容易的事。如果投资者寄望于自己亲力亲为，那几乎是无法完成的任务。好在现在咨询传媒发达，一些国家或国际组织有专门的研究部门，影响较大的商品，如农产品、石油、黄金、橡胶等，在国际上都存在相应的商业咨询研究机构，他们不仅拥有完整的动态数据库，而且会定期发布相应的统计研究报告。

美国农业部（USDA）每年、每月、每周都会定时公布世界和美国主要农产品的供求报告。每月10日至13日发布的月度报告，会公布小麦、玉米、大豆等主要农产品的供需平衡表，即供需报告。报告内容包括世界和主要农产品生产国的主要产品的种植面积、收获面积、平均单产、产量、期初、期末库存和进出口量等。周一上午公布上一周大豆、玉米、小麦、豆粕、豆油等农产品出口装船的检验报告，并按国家和地区进行了细分；周四上午又公布上一周大豆、玉米、小麦、豆粕、豆油等农产品出口销售报告。报告按国家和地区进行了划分；周一下午还公布农作物生长进度报告，包括农作物的优良率、开花、结荚、抽穗、扬花等指标，以此判断农作物的生长情况和产量。报告还公布天气和农作物概况。所有这些报告，提供了大量的基本数据，事实上也已经成为期货交易者在进行基本面分析时最重要的依据了。

真正的基本面分析者，一定会充分重视这些专业统计研究报告，经过一段时间的认真研读和训练，会对研究对象逐渐有一个完整系统的理解。只有在这种情况下，当获取新的相关消息时，才能比较准确地判断新消息在整个系统中的地位和作用。

基本面分析的优点是着眼于大势行情，但值得注意的是，即使凭借基本面分析提前预测到了大行情，在何时入市这个重要问题上仍旧可能存在一定的时间差。比如，2002 年初，全球天胶期货辞熊走牛。实际上在此之前几个月，国际橡胶研究组织通过供需及库存数据比较，已经做出了明显的提醒。但如果据此提前进入期货市场做多，还得忍受几个月的折磨，弄得不巧还会亏损出场。因此，一些成功人士建议在何时入场的时机选择上，最好能够采用技术分析方法。比较理想的方法是采用基本面分析判断大方向，当技术面比较合适时果断出击，这时候成功的概率会大大提高。

9. 期货交易中的技术分析

运用技术分析方法对期货行情进行预测，在期货交易者中极为普遍。可以这么说，即使是偏好基本面分析的交易者，一般也不会排斥技术分析，反过来却不一定成立。由此可见，技术分析在期货交易中的影响力。

（1）什么是技术分析

技术分析是指通过对市场行为本身的分析来预测市场价格变动方向的方法。市场行为本身如何，会在价格、成交量及持仓量三方面表现出来，这三方面的数据不仅都是即时公开的，而且都是客观的。如果将这些数据按照时间顺序绘制出来，就可以形成图形或图表，技术分析就是针对这些图形或图表进行分析研究，以预测期货价格走势。

（2）技术分析的三大假设

技术分析有没有用，争论一直很激烈，拥趸者在长期的辩论中总结出三大假设作为其理论基础。

①市场行为反映一切。影响市场价格的所有因素最终必定要通过市场价格反映出来。不理会价格涨跌的原因，直接研究价格有很多好处。不追究原因，只承认行情已经发生的事实，更容易抓住机会，而坚持基本面分析的交易人士由于习惯于找到原因后才进行交易，不仅会错过行情，甚至还会由于不理解而做反了行情。

②价格变动有趋势。如果价格走向没有趋势，杂乱无章或随机游走，也就不存在预测的可能了。技术分析派认为趋势是客观存在的。正因为趋势是客观存在的，所以预测才会变得既有意义也有可能。但市场价格的走势有时候会呈现出趋势状态，有时候也会出现无趋势状态，所以，对技术分析而言，识别“趋势市”和“无趋势市”自然成为一项重点工程。

③历史经常会重演。期货投资无非是一个追求利益的行为，不论是昨天、今天或明天，这个动机都不会改变。在这种心理状态下，人类的交易将趋于一定的模式，从而导致历史重演。所以，过去价格的变动方式，在未来可能不断重复发生，值得研究。另外，利用统计分析的方法，从中也能发现一些有规律的图形，整理出一套有效的操作原则。

10. 期货行情图示法

为使期货行情观察更加直观化，交易软件把行情数据和价格走势以图形的方式展现出来。表述期货行情的主要图示方法有三种：闪电图、分时图和K线图（或竹线图）。其中，闪电图和分时图通常在日内交易时使用。

（1）闪电图

闪电图又叫Tick图，是把每一个成交价都在坐标图中标出来。图18是豆粕期货某合约某个交易日的闪电图走势。

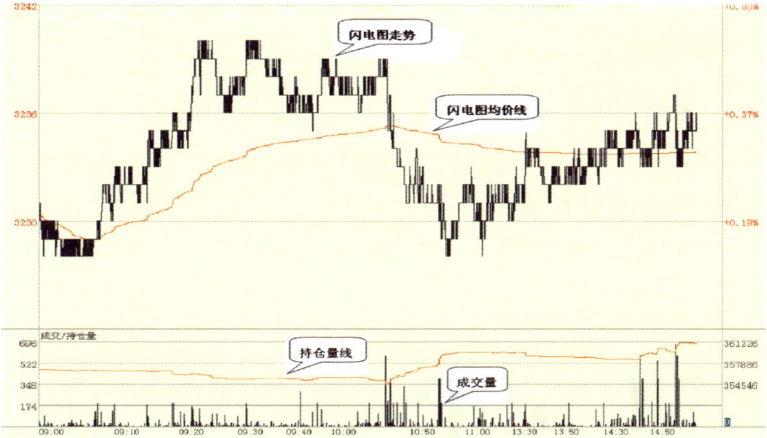

图 18　期货行情闪电图

（2）分时图

分时图是把时间等分后，将每段时间的价格标出来。图 19 是上述豆粕期货合约在同一交易日的分时图走势。对比图 18 和图 19，可以发现闪电图和分时图的差别。

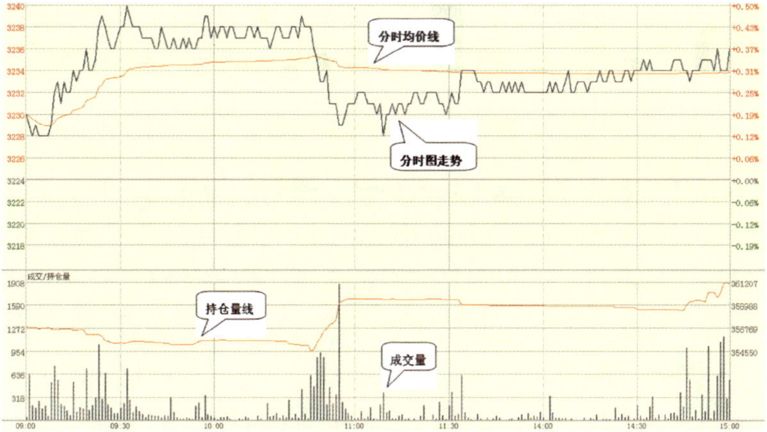

图 19　期货行情分时图

（3）K 线图

K 线图又称蜡烛图，每根“蜡烛”代表一定的时间段。这个时间段可以是任意分钟或任意小时，也可以是一天、一周，甚至一年，分别称为分钟 K 线图、小时 K 线图、日 K 线图、周 K 线图。开盘价、收盘价、最高价、最低价确定一个“蜡烛”。图 20 是上述豆粕期货合约在同一交易日的 5 分钟 K 线图走势。

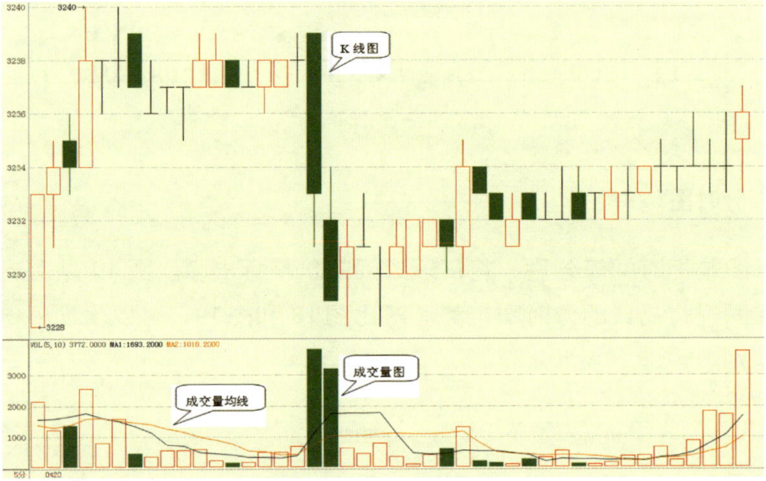

图 20　期货行情 K 线图

绘制 K 线图的规则是：纵轴代表价格，横轴代表时间，开盘价与收盘价形成一个矩形。当收盘价高于开盘价时，这个矩形以白色表示，称为阳线；如果开盘价高于收盘价，这个矩形以黑色表示，称为阴线。有时为了加强视觉效果，还用红色代表阳线，蓝色代表阴线。最高价和最低价的画法是：在相应的价位上作点，然后用线段与矩形相连。这时，最高价与矩形相连的一段称为上影线，最低价与矩形相连的一段称为下影线。

竹线图与 K 线图组成要素完全一样，唯一差别是：最高价和最低价之间为一条竖的线段，开盘价以位于竖线左侧的短横线表示，收盘价以位于竖线右侧的短横线表示。

小贴士

行情连续图有什么用

通常，期货合约都有“到期寿命”，最长的1年，最短的只有1个月。摘牌后的期货合约和以后挂牌的同月份期货合约衔接点处，因时间间隔较长会出现巨大的价格跳空缺口（有点类似股票大比例送配股后的除权缺口），造成图形变形和指标失真。为了方便投资者用长期图表来研究市场的中长期趋势，就使用最近到期合约的价格资料，采取简单连接方式，做成了行情连续图。一个合约摘牌后，下一个合约就变成了“当月合约”，用这个合约的行情接替上个合约，形成价格的连续状态。当然缺口还是不可避免的，只是不太明显罢了。

11. 成交量和持仓量指标

在期货交易技术分析中，价格当然是最重要的第一性指标，但成交量和持仓量也不能忽视。有人认为，如果给价格的重要性打5分的话，成交量和持仓量可分别打3分和2分。

成交量是重要的人气指标，同样的上涨幅度，成交量大表明人气足，表明市场对上涨的强度和迫切性更高；反之，上涨的压力就小得多。通过观察成交量水平，人们能够更好地估量市场运动背后买入或卖出的压力，因而，技术分析人员经常利用成交量资料来验证价格运动，或者作为识别价格变化可靠与否的警讯。

持仓量同样反映了市场人气。持仓量增加，表明资金在流入市场，如果持仓量减少，则表明资金在流失。与成交量一样，技术分析人员也经常利用它来验证价格运动的强度，或者作为识别价格变化可靠与否的警讯。

12. 持仓量与价格关系的常规判断

一般认为，持仓量和价格走势之间有如下关系：

第一，上升趋势中，价格上涨的同时持仓量增加。持仓量增加，说明不断有更多的新交易者入市。市场价格上升又说明市场上“买气”压倒了“卖气”。这是一个看涨信号。

第二，上升趋势中，价格上涨的同时持仓量下降，说明价格上涨的动力主要来自空头的平仓，市场整体资金在流失。一旦空头割肉过程完结，上升趋势就失去了上涨的推动力，因此这是一个看跌信号。

特别要注意的是，在市场顶部出现胀爆的情况。这时候，价格已经过长期上涨，突然急剧上冲的同时是交易量大大增长及持仓量显著下降。市场上大规模的平仓活动很可能预示着趋势要生变。

第三，下降趋势中，价格下跌的同时持仓量增加。持仓量增加，说明不断有更多的新交易者入市。市场价格下跌反映出新的卖方大胆积极，表明趋势持续发展的可能性增加，因而是一个看跌信号。

第四，下降趋势中，价格下跌的同时持仓量减少，说明价格下跌的动力主要来自多头的割肉平仓。一旦持仓降到足够低，多头割肉过程完结，下降趋势很可能即将终结，因此这是一个看涨信号。

同样，特别要注意在市场底部出现抛售高潮的情况。这时候，价格在长期下跌的基础上，突然急剧暴跌。与之同时，交易量大为增长，但持仓量却显著下降。大规模的平仓活动在警告我们风雨即将来临，趋势可能变化。

千万要注意的是：上述说法不过是一些常规判断，不能机械套用。

比如，随着时间的进展，交易者为避免交割，会主动将近期合约平仓，转移到后面的合约上去，这时，前期持仓量自然日减，后期持仓量则日增，如果机械地套用上述规则很可能误判。对此，有些技术分析专家建议：持仓量的计算，应该以同品种所有合约的持仓量为依据。

又如，当一场主要的市场运动接近尾声时，持仓量也已经随着价格趋势的发展增加到较高水平，一旦持仓量不再继续增加，也可以看作是趋势即将生变的先期警讯。如果这时候价格突然大幅反向，信号意义就更强烈了。因为大量在趋势末期跟进的单子会悉数被套，割肉平仓本身就会成为一种反向推动力。

还有，长时期的价格盘整中，持仓量逐渐累积增加后，一旦爆发行情，力度就会很大。其实，这也与持仓量有关。因为发生价格突破后，失势一方的割肉平仓行为会加剧行情的发展。

总之，持仓量变化的信息能够给我们判断行情提供一些帮助，但在使用中一定要具体问题具体分析，切忌生搬硬套，乱贴标签。

13. 趋势！趋势！技术分析的命门

在技术分析研究方法中，趋势的概念是核心内容。图表分析师所使用的全部工具，诸如支撑和阻挡水平、价格形态、移动平均线、趋势线等，其唯一的目的就是辅助我们估计市场趋势，从而顺应这趋势的方向做交易。

所谓市场趋势，是由波峰和波谷依次上升或下降的方向所构成的。无论这些峰和谷是依次递升，还是依次递降，或者横向延伸，其方向都构成了市场的趋势。所以，我们把上升趋势定义为一系列依次上升的峰和谷，把下降趋势定义为一系列依次下降的峰和谷，把横向延伸趋势定义为一系列依次横向伸展的峰和谷。

趋势具有三种方向：上升、下降、横向延伸。

趋势具有三种类型：主要趋势、次要趋势和短暂趋势。

趋势分析常用工具：趋势线、支撑线和阻力线、黄金分割线、百分比线等。

当一条趋势线在时间上涵盖数月之久，按道氏理论的分类便称之为“主要趋势线”或“长期趋势线”。主要趋势是趋势的主要方向，也是期价波动的大方向；如果将观察时间压缩在主要趋势中的调整期内，则可以发现，这调整期内的走势实际上也形成了趋势，也可画出相应的趋势线。道氏理论将这较短时间的趋势线称之为“次要趋势线”。更进一步地观察次要趋势，可以发现其中还存在级别更小的反向调整。道氏理论将这种更短时间的反向调整称之为“短暂趋势”，相应的趋势线称为“短暂趋势线”。三种不同级别的趋势的最大区别是时间的长短和波动幅度的大小。

所谓趋势线，就是上涨行情中两个以上的低点的连线以及下跌行情中两个以上高点的连线。前者被称为上升趋势线，后者被称为下降趋势线。趋势向上，称为“牛市（Bullish）；趋势下跌称为熊市（Bearlish）”。牛市与熊市是欧美惯用的术语。

趋势线在性质上又可分为支撑线及阻力线。

支撑线是图形上每一个谷底最低点间的连线。

阻力线也称压力线，它是图形上每一个峰顶最高点间的连线。

一般认为，趋势线会对今后的价格变动起约束作用，使价格保持在这条趋势线的上方（上升趋势线）或下方（下降趋势线）。实际上就是起支撑和压力的作用。趋势交易者通常会利用这一特点进行交易，比如，在支撑价格附近买进，在压力价位左右卖出。当趋势线被有效突破时，很可能会出现反转行情。越重要、越有效的趋势线被突破，其转势的信号就越强烈。而且，突破之后，原来的趋势线往往会起到相反作用，比如，原来支撑线的延长线会成为今后上涨的压力线，原来压力线的延长线却起到支撑作用。交易者有时也可利用这一特性进行交易。

图 21 是伦敦 3 月铜在 1995 年至 2003 年 6 月的周 K 线图。从图 21 上可以很容易地发现主趋势是下跌的，但下跌途中也有反弹，这些反弹构成了次要趋势。而在次要趋势中，又有许多短暂的回调出现，可以看作为短暂趋势。再看次要趋势，都能画出一条支撑线，而当支撑线被突破后行情就反转了。

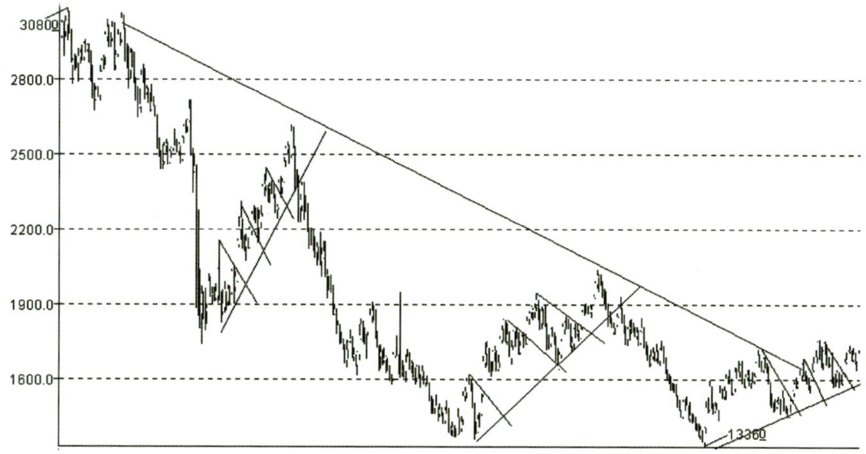

图 21　不同级别的趋势与趋势线

黄金分割线和百分比线是测度下跌行情中反弹或上涨行情中回调幅度的工具。在一轮行情结束后，价格会反方向运动，这时无论是由跌势转为升势或是由升势转为跌势，都可以以最近一次行情中的重要高点和低点之间的涨跌幅作为分析的区间。在电脑上将两点间涨跌幅按 0.191 或 19.1%、0.382 或 38.2%、0.505 或 50.5%、0.618 或 61.8%、0.809 或 80.9% 的比例画上 5 个黄金分割点，未来价格将可能在这些黄金分割点上遇到暂时的阻力或支撑，从而作为交易者进出场的关键点位。

2010 年 11 月 12 日，美国大豆在经历了近三个月的上涨后出现暴跌（见图 22）。交易者关注的是跌到何处有支撑？于是在交易软件上找到黄金分割线工具，选择行情低点 993.40 点和行情高点 1348.40 点两点划出黄金分割线，发现在 0.382 附近的 1213 点是第一支撑位，0.5 附近的 1172 点是第二支撑位。随后期价果然在上述两个价位区域受到强烈支撑。没有跌破 0.5 的黄金分割线，表明市场处于强势，因此可以继续买进。

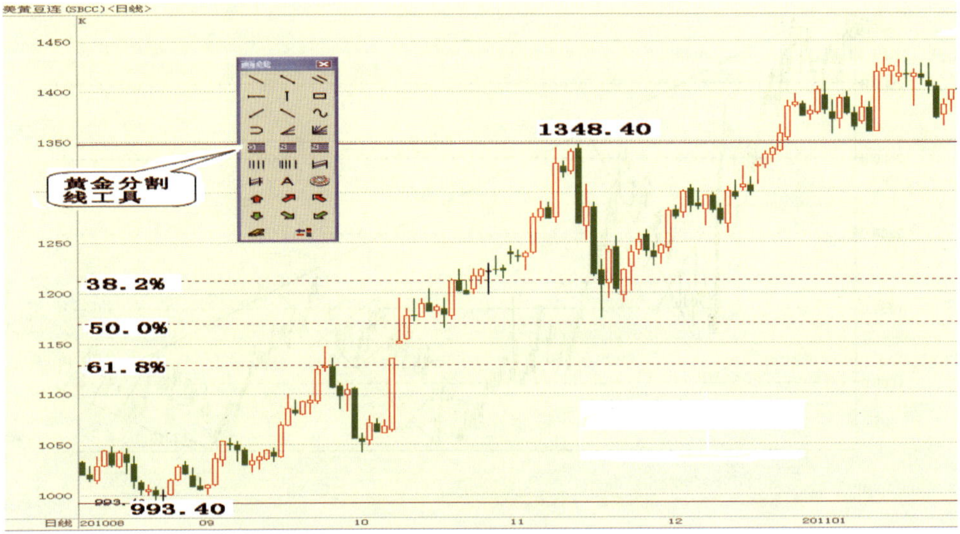

图 22　用黄金分割线判断支撑位或阻力位

百分比线与黄金分割线的原理相同，其中，比较重要的几个比例为 1/3、2/3 及 1/2 处。

14. 看图说话的形态分析

在一个长期 K 线图上，我们经常能看到各种不同的图形，有的像一座山，有的像一座岛，有的像一面旗子……技术分析人士对这些图形进行了专门研究，一是看各种不同的形态在哪些场合出现得更频繁，二是出现以后后市通常是怎么演化的。

作为交易者，最关心的是后市将如何发展。如果价格在上涨（下跌）了一段时间之后处于盘整状态，交易者最大的疑问将是：后市将继续沿着原来的趋势上涨（下跌）呢，还是涨（跌）势结束，行将反转？

于是，那些经常出现在反转行情中的图形就被归类为反转突破形态。反

转突破形态的常见图形有头肩顶（底）、多重顶（底）、圆弧形、V 形、钻石形、岛形等（见表 5）。同样，那些经常出现在持续行情中的图形就被归类为持续整理形态。持续整理形态的常见图形有三角形、矩形、旗形、楔形等（见表 6）。当然，也有些很难判断的图形，如收敛三角形，只知道价格即将进入突破阶段，但往上还是往下不好说。

表 5　　常见反转形态图形

	图形（左）	图形（右）
（左） （右）	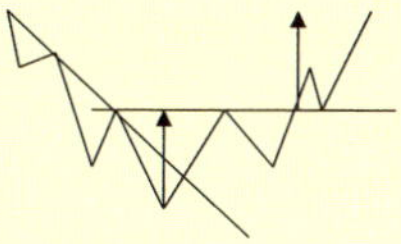 头肩顶	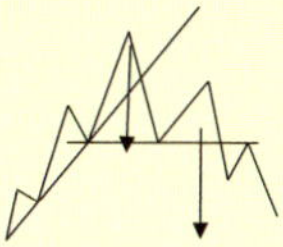 头肩底
（左） （右）	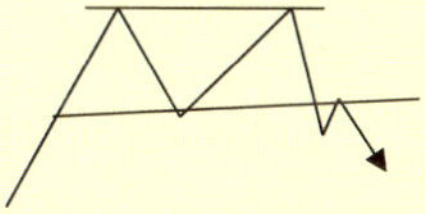 双顶	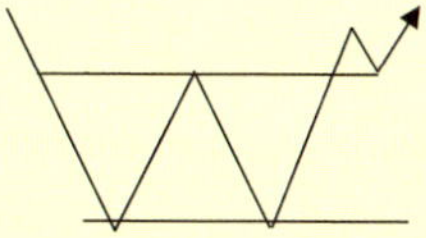 双底
（左） （右）	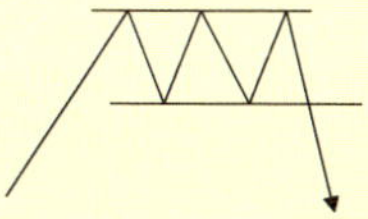 三重顶	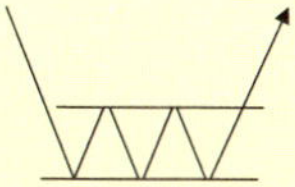 三重底
（左） （右）	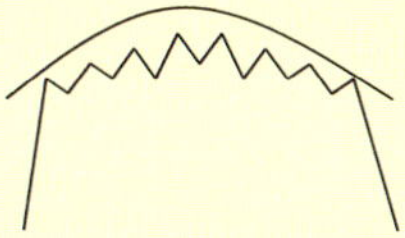 圆顶	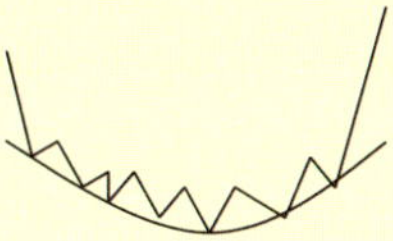 圆底

续表

	图形（左）	图形（右）
（左） （右）	 V 形底	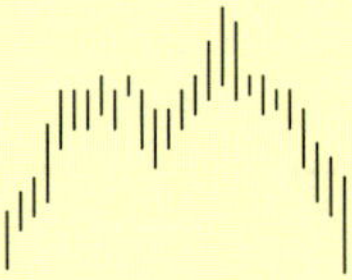 V 形顶
（左） （右）	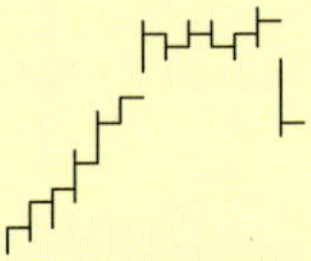 岛形反转	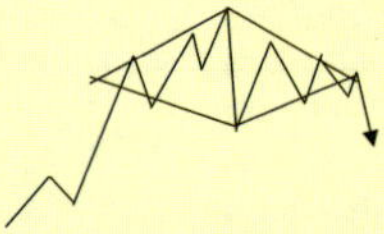 菱形反转

表 6　常见持续整理形态图形

	图形（左）	图形（右）
（左） （右）	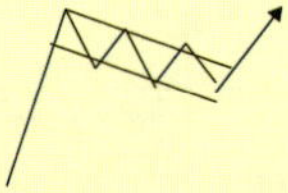 看涨旗形	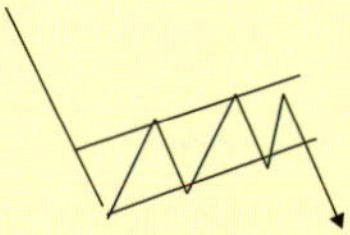 看跌旗形
（左） （右）	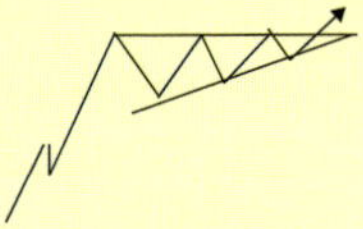 上升三角形	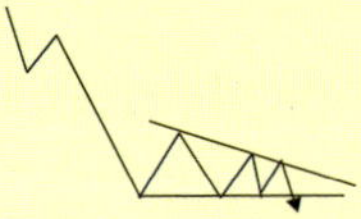 下降三角形

续表

	图形（左）	图形（右）
（左） （右）	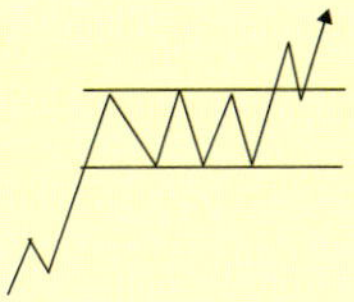 看涨矩形	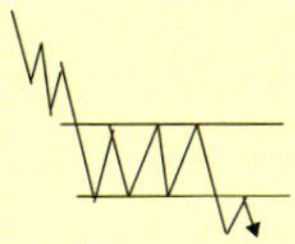 看跌矩形
（左） （右）	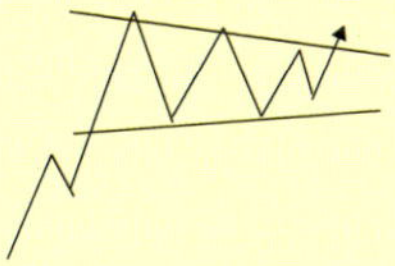 看涨楔形	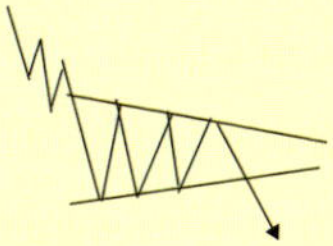 看跌楔形

下面对持续整理情况的旗形作简单介绍。

旗形整理分为上飘旗和下飘旗两种，上飘旗是看涨旗形，下飘旗则是看跌旗形。看涨旗形通常发生在价格急剧上升之后，进入整理阶段。急剧上涨的价格走势犹如一根旗杆，而整理形态则是向下倾斜的矩形，犹如旗面。整理阶段，交易量应当日益萎缩。当价格向上突破时，交易量再度扩张。看涨旗形向上突破后，继续维持上涨局面，预测上涨幅度能够达到与旗杆相等的竖直距离。看跌旗形与看涨旗形一样，不过是方向相反而已，是下跌行情中的中继形态。在旗形整理中，期价通常在 4 周内向预定的方向突破，超出 3 周时，就应该特别小心，注意其变化。

形态分析是技术分析中应用较早，也是被应用得比较广泛的一种方法。图形分析的好处是给实战交易者提供了一个参考系，当某种重要图形即将形成时，交易者即可关注。一旦发现关键点位被击破，就可决策平仓出场或开仓出击。另外，如果周 K 线图、月 K 线形成技术图形走势，则更要重视，说明期价中长期走势已经转变，很可能会出现一个较长时间的涨势或跌势。

尽管图形分析有这些好处，但能否被正确使用仍然是一个问题。

一是，一个图形之所以归为反转形态或持续形态，是它经常在这种类似行情中出现的缘故，这并不意味着不可能在相反行情中出现。事实上，这种情况不仅有可能出现，而且还会出现另一种情况，那就是一种图形是在该出现的地方出现了，但后来的走势却没有按照预想的方式进行，这种情况，通常被称为“流产的图形”。

二是，形态分析中的各种图形会以不同面目出现，这就给正确识别带来一定的难度，而且同一图形，站在不同行情的级别上观测，有可能产生不同的解释。例如，头肩形是反转形态，但有时若从更大级别的范围去观察，就有可能成为中继持续形态。

三是，在形态完成之前，动手交易似乎太早，因为图形的转换随时可能发生。比如，双顶未有效击破颈线，价格又回升了，看上去又像双底了。如果再来回折腾几下，又变成矩形整理行情了。若等待图形明朗化后再动手，又似乎太迟了，因为错过了不少机会。

四是，一些交易者在应用时只记住了图形的状态，而忽略了相关交易量的配合要求，这也会增加识别或确认有关图形时的误差。

15. 五花八门的技术分析指标

证券期货市场上的各种技术指标多达数千种。几种最常用的指标有移动平均线、指数平滑异同移动平均线（MACD）、相对强弱指标（RSI）和随机指标（KD）。

（1）移动平均线（MA）

移动平均线是在收盘价平均计算的基础上做出的，首先是用最近 N 天的收盘价（偶尔也有人喜欢采用其他价格的）进行平均计算。计算方法大多为简单算术平均（也有采用线形加权或指数加权平均的），得出 N 天的平均价。随计算日的推移，在图上不断标出新的平均价，并将其连起来，就得到移动平均线。其中，N 是时间参数，如果 N 这个数字是 5 天，那就称这条平均线为 5 天移动平均线。

移动平均线具有下列特性：

①追踪趋势。价格接连上涨后，新的平均数字会逐渐增大，移动平均线上升；价格连续下跌，新的平均数字会逐渐变小，移动平均线下降。

②平稳性。由于消除了偶然因素导致的价格波动，移动平均线不会像价格曲线那样突上突下，而是呈现出比较平滑的状态。时间越长的移动平均线，其平稳性就越好。

③滞后性。这一特点是与平稳性特点伴生的。期价发生反转时，移动平均线特别是长期移动平均线所反映的市况往往过于迟缓，调头速度落后于趋势。

（2）指数平滑异同移动平均线（MACD）

指数平滑异同移动平均线的英文名称为“Moving Average Convergence and Divergence”。其运用快、慢速移动平均线聚合与分离的功能，再加以移动平滑运算，用以研判买卖时机和信号。

EMA(12) 为 12 天的指数移动平均值，EMA(26) 为 26 天的指数移动平均值。两数值间的差离值（DIF）为：

$DIF = EMA(12) - EMA(26)$

将 9 天的 DIF 平均后得到 DEA 数值。其中的数字 12、26 和 9 都是参数。

此外，在分析软件上还有一个指标叫柱状线（BAR）：

$BAR = 2 \times (DIF - DEA)$

从计算式中不难发现，当 DIF 为正值时，意味着短期均线在长期均线上方；反之，当其为负值时，则是短期均线在长期均线下方。而 DIF 与 DEA 的关系就如期价与平均线的关系一样。由此，得出下列判市方法：

①DIF 与 DEA 为正值时，为多头市场。DIF 向上突破 DEA 为买进信号；DIF 下破 DEA，只能认为是回调。

②DIF 与 DEA 为负值时，为空头市场。DIF 向下跌破 DEA 为卖出信号；DIF 上破 DEA，只能认为是反弹。

③背离信号。所谓背离，即在 K 线图上，一头比一头高，但 DIF 却呈现一头比一头低的头部，这称为顶背离。顶背离表明涨势难以持久，跌势即将开始。同样，在下跌行情中，若出现底背离，意味着跌势难以持久。

MACD 的缺点与平均线一样，有滞后效应。另外，当市场呈现牛皮盘整格局时，失误的判断较多。

（3）相对强弱指标（RSI）

相对强弱指标（RSI）是威尔德发明的分析工具。在期市中，多空双方的气势很重要，一定程度上可以决定市场方向。相对强弱指标就是反映市场气势强弱的指标。

①计算方式为：确定参数，常用参数为 14 天；取最近 15 天的收盘价，每一个减去上一天的收盘价，得到 14 个数字；14 个数字中的正数（上涨幅度）之和相加，以 A 为代表；14 个数字中的负数（下跌幅度）之和相加，取其正值以 B 为代表。

$RSI = 100 \times \frac{A}{A+B}$；$\frac{A}{A+B}$ 的含义为上涨幅度在全部涨跌幅中的比例，乘以 100 后，数值落在 0 和 100 之间。

②通常的判市法则为：50 到 80 为强势，应该买；20 到 50 为弱势，应该卖；80 以上是超买区，鉴于物极必反的原理，不能买而应卖；同样，20 以下是超卖区，不能卖而应买。另一个常用方法是观察是否有背离现象出现。

③应用中应该注意的事项为：

- 超买区和超卖区是模糊概念，大牛市或大熊市中，超买后再超买、超卖后再超卖的现象并不罕见，而 RSI 指标在这些区域往往出现钝化现象，从而失去作用，不能据此轻易做反向操作。
- 背离信号是滞后的，有时背离一两次后才真正反转，背离之后行情不反转的情形也可能发生。

(4）随机指标（KD）

KD 线原名“随机指标”，为乔治·蓝恩博士所发明，是一个很实用的技术分析指标。其核心由未成熟随机值（RSV）构成。

假设 n 为计算周期（通常以 9 天为期），Hn 和 Ln 分别为周期内最高价和最低价，Cn 为当日收盘价，则：

$$RSV = 100 \times \frac{Cn - Ln}{Hn - Ln}$$

分式的含义是当日收盘价处于周期内最高价和最低价差幅的相对比例，乘以 100 后，当日收盘价越高，则计算所得数字越高，离 100 就越近。有了 RSV 后，就可以算出相应的 K 值和 D 值了。将最近 3 天的 RSV 平均后得到 K 值，再将最近 3 天的 K 值平均后得到 D 值。其中，数字 3 天是参数，当然也可以取另外的数字。

K、D 指标是一种时间较短的敏感指标，经常能给出非常明显的进货信号和出货信号，不仅可以使用在日线图上，也可用在日常的分时图或较长周期的周线图上。

随机指标在判市中的应用大体为：

①K、D 值越高，买气越盛；相反则卖气越盛。K、D 值达到 75 或 80 以上时，市场处于超买状态，低于 25 或 20 时，市场处于超卖状态。但要注意的是，超买区或超卖区指标容易钝化。

②当市场处于涨势中，K 线首先上升，然后带动 D 线。当 K 线从下穿过 D 线时，应买入，但是，买入的安全区是在 K、D 值的低位。同样，当市场处于跌势，K 线先下跌，其次是 D 线。当 K 线从上向下穿过 D 线时，应卖出，但是卖出的安全区是在 K、D 值的高位。

③利用背离信号进行操作，与前面介绍的 RSI、MACD 差不多（见图 23）。

图 23　天然橡胶期货指数四种技术指标

16. 波浪理论和江恩理论，看上去很生猛

技术分析是历史经验的总结。交易者从不同的角度出发进行总结，产生的方法之多足以让人眼花缭乱。除了前面介绍过的一些简单方法外，还有两个看上去非常生猛也比较体系化的预测系统工具，那就是波浪理论和江恩理论，两者在市场上都有庞大的粉丝群。

（1）波浪理论简介

波浪理论是由艾略特发明的一种价格趋势分析工具，主要是根据周期循环的波动规律来分析和预测期价的走势。内容涉及形态、比例及时间三个方面。

其基本形态为：期价经历5浪上升后，接着会出现3浪下降，如此8浪构成期价变动的一个循环。上升5浪中，1、3、5浪为顺势浪，2、4则为回调浪；下降3浪中，a、c浪为顺势浪，b浪为反弹浪。上升浪中，第3浪是主升浪，上涨幅度最大；第4浪是回调浪，其低底不可以低于第1浪的浪顶（见图24）。

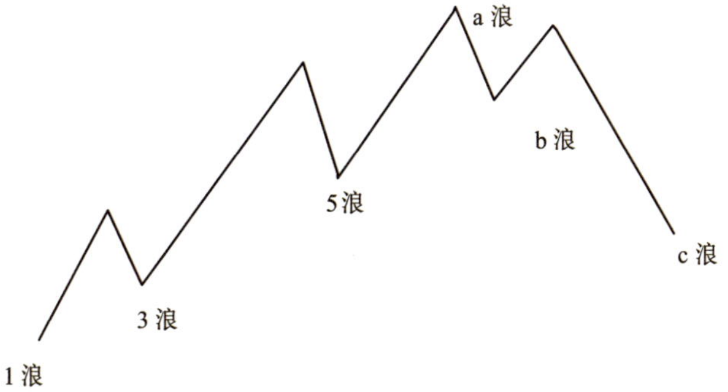

图24　波浪理论的基本形态

波浪理论除了考虑价格走势的形态外，还对走势图中各个高低点位置比例进行了研究。比如，通过测算各个波浪之间的相互关系，来确定回撤点和价格目标。其中，斐波那契数字（常见的黄金分割数字0.382、0.5、0.618、1.618等都与斐波那契数字有关）被大量应用。

波浪理论还对完成某个形态所需的时间进行了研究。其通常的做法是利用斐波那契数字1、2、3、5、8、13、21、34、55、89……来寻找行情发生转折的时间之窗。比如，在日线图上，从重要的转折点出发，向后数到某个斐波那契交易日，预期未来的顶或底就出现在这些“斐波那契日”上。该做法也可应用在周线图、月线图甚至年线图上。

波浪理论是一套主观性较强的分析工具。在具体应用上难度不小。

单看波浪结构似乎很清晰，但问题在于投资者站在什么尺度上看。比如，当投资者往小里看时，每个浪其实都是由更小的波浪所组成的。按波浪理论解释，每个顺势浪都有 5 个更小的浪组成，每个逆势浪都有 3 个更小的浪组成，这样，原来的 8 浪就可分解为 34 个小浪了。当投资者往大处看时，这 8 浪又变成了一个上升浪和一个下跌浪，成为更大级别波浪中的一部分。艾略特把趋势的规模划分成 9 个层次，上可覆盖 200 年的超长周期，下至仅仅延续数小时的微小尺度。

其实，这还不是最难的，更难的是由于实际走势不可能这么中规中矩，当出现异常时，波浪理论会以延伸浪或 X 浪来解释，比如行情走出了第七浪甚至第九浪，这就是延伸浪，而在调整期间，有些浪与前后浪的关系无法说清，就命名为 X 浪。

由此，不难想到，交易者在应用波浪理论时，要确定目前的走势属于哪一个层次的哪一个浪并非易事。主浪的变形和调整浪的变形会产生复杂多变的形态，波浪所处的层次又会产生大浪套小浪、浪中有浪的多层次形态，这些都会引发数浪时的偏差。事实上，面对同一个形态，由于在确定波浪的层次和起始点上不一样，不同的波浪专家也会产生不同的数法，而且，谁也说服不了谁，最后仍旧陷入大家来猜谜的格局。

(2) 江恩理论

与波浪理论一样，江恩理论也是一个内容很丰富且自成体系的理论，市面上专门介绍这两个理论的书籍并不少见。

江恩理论是以美国投资家威廉姆·江恩（Willian D. Gann）的名字命名的，也有译为“甘氏理论”的。其主要分析方法有江恩历法、江恩矩阵、江恩角度线及江恩轮中轮。江恩理论主要被用于推测价格的顶、底及可能到达的时间。推崇者通常都会举出很多例子来说明其具有神奇功效。但是，在实际应用中仍有不少难度。由于江恩数和江恩线很多，事后看好像总在某个数或某根线附近，但问题在于事先是无法预知的。所以，在利用江恩理论时，这些数字和线可以参考，但不能迷信。

17. 技术分析法的利弊得失

与基本面分析相比，技术分析具有以下两个优势。

首先是没有收集数据资料之苦，且数据资料具有客观性。基本面分析的数据面广量大，从品种自身的国内外供求情况至经济政策、宏观经济及政治情况都是相关数据。这些数据来自外部，收集起来有一定的难度，而且两个不同的研究机构收集的数据不尽相同。某些数据，A 机构认为重要，B 机构可能认为不重要，即使是相同的数据类型，由于采样差异，两个研究机构得到的数据很可能不一样，这些都意味着数据的客观性较差。而技术面分析的数据涉及价格、成交量与持仓量，三者都是期货市场的内生数据，不需要收集，而且这些数据对任何研究者都是无差异的。

其次，基本面分析的重点是分析未来价格的改变方向，但在入场点和出场点上发挥不了多大作用，换言之，在可操作性上有很大缺陷。单纯依赖基本面分析，很可能会犯过早或过迟的错误，这对于一个高风险的期货工具而言是非常不利的。入场点不合理的话，有可能在主趋势来临之前就面临爆仓的危险。而技术分析在入场点和出场点的选择上比较灵活，他们信奉“不见兔子不撒鹰”，期货价格下跌时，如果有人跟“技术迷”说基本面已经改变为供不应求，应该做多，他们根本不会理睬。技术分析在操作上具有很大的灵活性，这种灵活性对于风险控制和交易的安全性都是非常重要的。比如，凭借技术分析很容易找到入场点并且给出入场的“理由”，且在入场的同时就按照诸如支撑点、压力点来设置止损点。

当然，必须知道，技术分析不是万能工具，本质上它是一种历史经验的总结，带有很大的主观色彩。技术分析的核心价值是发现趋势，寻找趋势，但行情有趋势和震荡两者组成。所有的技术分析方法都是试图预测未来是趋势行情还是震荡行情，而多如牛毛的技术分析方法对此各说各话，其预测的有效性是随机的。换言之，现在可能是这个方法对那个方法错，换一种情景可能刚好相反，但是在事前投资者根本不知道谁对谁错。因此，凭借技术分析方法进行的交易，实际上都是在试错交易，如果失败了，不妨称之为“技术陷阱”。

要知道，期货市场的“山路十八弯”，期货市场的“水路九连环”。无论是基本面分析方法还是技术面分析方法都不足以成为水晶球。也许，把它们比作登山的拐杖或趟水的撑竿更确切，所以，投资者还是亲自拄着拐杖，拿着撑竿实际操练起来吧！

后　记

历经四年多的辛勤工作，《“讲故事　学期货”金融国民教育丛书》终于与读者见面了！

《“讲故事　学期货”金融国民教育丛书》用图书的方式，打造了一套具有标识性的投资者教育产品，在系统、全面介绍期货行业全貌、入市应知应会的基础上布局亮点，力图用通俗易懂的语言、生动有趣的故事案例将期货知识介绍给读者，尽量避免深奥的理论阐述。

本丛书由中国期货业协会期货投资者教育专项基金资助。中国证监会投资者保护局、期货部自始至终关注期货业协会投教基地的建设和投教新产品的推出；协会领导对丛书编写工作给予高度重视和大力支持；洪磊会长多次对编写工作给出指导意见。中国期货业协会投资者教育委员会部分委员参与了丛书评审。中国财政经济出版社负责出版工作。

本书由刘仲元负责主要撰稿任务，韩锦等在不同阶段参与了具体撰写工作。

鉴于水平所限，呈现给大家的书稿可能仍未达到期望。在此，我们诚恳地向读者征求意见和建议，以便在以后修订的过程中继续提高。如有错误疏漏之处，敬请读者批评指正。

“讲故事　学期货”金融国民教育丛书编写组

2020 年 12 月